東武鉄道
1980～2000年代の記録

解説　山内ひろき

南栗橋車両管区　2009（平成21）年11月8日　近藤倫史

.....Contents

カバー写真提供：諸河久フォト・オフィス

伊勢崎線

1899年に北千住～久喜で開業した伊勢崎線は利根川の架橋などを経て、徐々に延伸し1910年の新伊勢崎～伊勢崎の開業により全通した。東武の基幹となる路線で、延長は大手私鉄最長の114.5km。そのため都市部から郊外、主要通勤路線からローカル線、複々線から単線まで様々な顔をもっている。2006年までは全線走破する列車が多数設定されていたが、現在では1往復の特急列車のみとなっている。◎浅草～とうきょうスカイツリー　2012（平成24）年4月8日

1931年に浅草雷門駅として開業した浅草駅。現在の駅舎は開業時から使用されていて、関東では初となる本格的な百貨店併設ターミナル駅だ。1974年頃に老朽化のため外壁が建材で覆われたが、東京スカイツリー開業に合わせて開業時の姿への復元・耐震補強工事などのリニューアル工事がなされた。
◎浅草
2021（令和3）年2月6日

ホームは駅舎2階にあり、頭端式3面4線で、1番線は8両編成に対応しているが、他の番線は6両編成までしか入線できない。またホーム伊勢崎方から隅田川橋梁にかけては半径100mの急カーブとなっており、2番線ではカーブ付近は締め切られ、特急ホームでは渡り板を渡して乗降する形がとられている。◎浅草　2023（令和5）年7月17日

私鉄としては珍しく夜行列車を運転している東武鉄道。その歴史は古く最初は1955年に登場した浅草〜東武日光を結んだ「日光山岳夜行」であった。その後、上毛電気鉄道へ乗り入れた「赤城夜行」などが運行され、野岩鉄道が開業すると「スノーパル」や「尾瀬夜行」の運転をスタートした。現在では夏季の「尾瀬夜行」、秋季の「日光夜行」、冬季の「スノーパル」と季節ごとに列車名や運転区間を変更して運転されている。
◎浅草　1997（平成9）年5月30日　撮影：諸河 久

1931年の浅草雷門～業平橋開業時に建設された隅田川橋梁は関東大震災からの復興の最中に設計や建設が行われた。隅田公園や隅田川の景観を損ねない橋として全長166m 3径間の複線中路カンチレバー・ゲルバートラス橋が架けられた。◎浅草～業平橋　1979（昭和54）年 3 月25日　撮影：諸河 久

隅田川橋梁は周囲の景観に配慮して、架線柱がトラスと一体感を持たせた構造となりデザインも凝っている。また浅草駅が急カーブのため橋梁上にシーサスクロッシングが設置されている点も特徴だ。2020年には橋梁海側に歩道橋「すみだリバーウォーク」が増築された。◎浅草～とうきょうスカイツリー　2021（令和3）年3月26日

1902年に吾妻橋駅として開業し、今の浅草駅が開業するまで浅草駅として伊勢崎線の起点駅であった とうきょうスカイツリー駅。1931年に浅草雷門駅まで開業すると駅名は業平橋駅に変更された。浅草〜とうきょうスカイツリー間では隅田川を渡ってからしばらく北十間川の北側を沿うようにして高架橋を走行するが、かつてこの付近に隅田公園駅があった。◎とうきょうスカイツリー〜浅草

かつて業平橋駅にあった広大な貨物ヤードは
砕石用のホッパー線や構内に隣接してコンク
リート工場もあり、高度成長期の東京を支え
ていたが、貨物列車が大幅に縮小されると旅
客ホームに改修された。これにより館林・南
栗橋〜業平橋で10両編成の運転がはじまって
いる。その後2003年の半蔵門線直通運転が開
始されると役目を終え、東京スカイツリーが
建設された。
◎業平橋
1981（昭和56）年9月9日

現在の伊勢崎線で浅草方から最初の踏切となる
伊勢崎線第2号踏切の脇にある電留線は浅草工
場の跡地で、浅草発着の特急などが入出庫してい
る。この一帯ではこの踏切を除去するため、とう
きょうスカイツリー駅も含めて連続立体化工事
が行われており、将来的には留置線も高架化され
る予定。2022年11月に上り線が高架化され、この
踏切は下り線のみが使用している。
◎とうきょうスカイツリー〜曳舟
2013（平成25）年12月13日

2003年３月19日に伊勢崎線の押上〜曳舟が開業し、地下鉄半蔵門線との相互直通運転が開始された。2006年の大規模な
ダイヤ改正まで直通列車は通勤準急や区間準急が中心で、速達列車はこれまで通り浅草発着の準急列車が主であった。
これまで業平橋止まりであった10両編成の列車は半蔵門線直通列車に変更され消滅した。
◎押上〜曳舟　2002（平成14）年12月11日　撮影：諸河久フォト・オフィス

亀戸線と伊勢崎線浅草方面と押上方面が分岐する曳舟駅。ホームは亀戸線の相対式ホームと伊勢崎線の島式ホームを
合わせた３面５線。かつては10両編成列車の当駅止まりや10両編成浅草行きの後ろ４両の切り離しを行っていた。現
在は浅草からの北千住まで各駅に停まる列車と半蔵門線からの速達列車の緩急接続が行われている。
◎曳舟　2021（令和３）年６月９日

業平橋駅の広大な貨物ヤードに隣接して京成電鉄押上線の押上駅が設置され、都営1号線（現浅草線）開業直前の1960年11月30日に業平橋駅の貨物ヤード直下に地下化された。またかつては伊勢崎線と押上線が並走するあたりに請地駅（京成側は京成請地駅）という京成との乗り換え駅が設置されていた。
◎曳舟〜とうきょうスカイツリー　2020（令和2）年8月11日

常磐線や日比谷線、千代田線との接続駅である北千住。かつては常磐線との貨車中継のための貨物ヤードがあった。旅客ホームは日比谷線を真ん中に挟んだ形の島式2面で伊勢崎線側の浅草方には、待避用の予備ホームが設けられていた。1992年からはじまった大規模な改良工事により1996年に日比谷線ホームが高架化分離・重層化されている。また伊勢崎線の0kmポストは当駅に設置されている。◎北千住　2017（平成29）年4月21日

千寿常東小

2019年3月26日より地下鉄日比谷線と伊勢崎線とを直通する有料座席指定列車「THライナー」の運行が開始された。列車名の「TH」とは「東武線（TOBU）と日比谷線（HIBIYA）を結ぶライナー」、「東京（TOKYO）と自宅（HOME）をダイレクトに結ぶライナー」という意味が込められている。上りが久喜～恵比寿、下りが霞ヶ関～久喜の運転で運転されている。◎南千住～北千住　2020（令和2）年8月15日　撮影：諸河 久

1913年から岩淵～中川河口付近まで頻繁に氾濫していた荒川の放水路として、荒川放水路の建設がはじまった。伊勢崎線では鐘ヶ淵～北千住、北千住～西新井で放水路と支障し、線路移設が行われた。まず鐘ヶ淵～北千住は現在の鐘ヶ淵～牛田が移設され、鐘ヶ淵駅を過ぎてから大きくカーブを描いていたものが、鐘ヶ淵構内より急カーブとなり放水路の堤防に沿って走るように改められた。また北千住～西新井は元々荒川放水路橋梁付近で常磐線をオーバークロスして今の梅田通りを通って西新井に向かっていたが、常磐線共々線路が移設され、現在の姿となった。この際に小菅・五反野・梅島の3駅が開設された。◎小菅～北千住　2020（令和2）年8月28日

荒川放水路建設に伴って、1922年に架橋された荒川放水路橋梁は中央に複線下路曲弦ワーレントラス桁3連と両脇に上路プレートガーダ桁を組み合わせた形で全長373.5mであった。その後1973年には複々線化のため下流側に複線下路ワーレントラス桁7連が架橋された。完成後は元々あった橋梁のトラス桁の両脇にあるプレートガーダ桁をそれぞれ2連の複線下路ワーレントラス桁に架け替えている。そのため下り線橋梁は中央付近だけ橋の構造が異なっている。
◎小菅〜北千住

1923年の伊勢崎線電化の際に開設された西新井工場。主に電車の検査・修繕・改造などを行っていた。また工場の入換には1983年より元荷物電車のモニ1470形1473号車を使用しており、これは1929年製のクハニ2形からの改造車で人気があったが、2004年の工場閉鎖により引退・解体された。◎西新井工場　1986（昭和61）年10月30日　撮影：諸河 久

日光・鬼怒川へは特急「けごん」「きぬ」が運転されている。日光線の特急は浅草雷門駅が開業した1931年から浅草雷門〜東武日光に走りはじめたのが最初。戦後、「華厳」「鬼怒」と愛称をつけて特急が復活。その後、当時は列車ごとに愛称が付けられており、増発と共に「おじか」「さち」「たかはら」などが登場している。「けごん」「きぬ」は1720系DRC登場後に同形式の専用列車名となり、東武を代表する列車愛称名として100系「スペーシア」でも引き継がれ、現在も運転されている。◎竹ノ塚〜西新井　1986(昭和61)年8月27日　撮影：諸河 久

北千住〜北越谷の18.9kmは民鉄最長の複々線区間。方向別複々線となっており、外側が急行線、内側が緩行線。まずは北千住〜竹ノ塚が1974年7月に完成し、関東民鉄では最初の複々線区間となった。その後、1988年には草加、1997年に越谷、2001年に北越谷まで複々線化されている。◎蒲生〜新田　2021(令和3)年5月24日

伊勢崎線開業時には蒲生駅の次は今の北越谷となる越ヶ谷駅であった。そのため宿場町であった越ヶ谷町は東武鉄道に駅の建設を求め、1920年に東武鉄道初の請願駅として越ヶ谷駅が開設された。この際に初代の越ヶ谷駅は武州大沢駅と改められた。また地上時代の越谷駅ではホームに沿線で産出される大谷石を使用しており、これは東武線内の各地で見ることができたが、高架化や改良工事なので数を減らしてきている。
◎越谷　1986（昭和61）年10月30日　撮影：諸河 久

伊勢崎線と野田線が乗り入れる春日部駅は、1899年の北千住〜久喜開業時に粕壁駅として開設された。駅のホームは3面5線となっており、野田線が島式1面2線で残りが伊勢崎線だ。伊勢崎線ホームの駅舎側1番線と島式の3・4番線の間には、貨物時代の名残で、ホームのない副本線があり、これは2番線となっている。現在は高架化工事が進められており、2031年度の完成予定となっている。◎春日部　2023（令和5）年1月13日

2006年頃までの伊勢崎線の速達列車は有料の特急や急行を除けば、主に快速と準急の2本立てであった。特に準急列車には浅草〜太田を速達運転するA準急と浅草〜東武動物公園を速達運転するB準急の2種類あり、日光線に直通する準急は全てB準急として運転されていた。この準急は現在の急行に相当する列車種別で特にA準急の東武動物公園〜太田の停車駅は現在の特急停車駅と同じであった。◎東武動物公園〜姫宮　1986（昭和61）年8月11日　撮影：諸河 久

元々は急行列車であったが、伊勢崎線の急行「りょうもう」が冷房付きの1800系になると引き続き非冷房車で運転される日光線の急行とは設備差が目立つようになった。そのため1977年に日光線の急行は快速急行という快速列車と有料急行列車の間に位置する種別へと変更された。◎東武動物公園〜姫宮　1981（昭和56）年7月　撮影：諸河 久

快速急行は、長らく浅草～東武日光の「だいや」、浅草～鬼怒川公園などを結んだ「おじか」の名称で運転され、後に宇都宮線直通の「しもつけ」が新設されている。また野岩鉄道開業や会津鉄道電化により「おじか」の会津田島乗り入れが行われたが1991年にいずれも急行化されている。なお臨時では「尾瀬夜行」等で2001年頃まで運転された。
◎姫宮～東武動物公園　1986（昭和61）年8月10日　撮影：諸河 久

伊勢崎線と日光線が分岐する東武動物公園駅は1981年に杉戸駅から改称された。また構内には1987年まで杉戸機関区が、2004年まで杉戸工場が併設されていた。杉戸機関区は本線系統の蒸気機関車や電気機関車などが所属し、杉戸工場は蒸気機関車からディーゼルカー、貨車、電車までの検査・修繕・改造などを行っていたが西新井工場と共に閉鎖され、南栗橋へ移設された。◎東武動物公園　2022（令和4）年2月6日

久喜駅は東北本線との接続駅で、並ぶようにホームが設置され、かつては国鉄・JRと貨車中継を行っていた。久喜をでると伊勢崎線は進路を変更し、東北本線を築堤で跨いで羽生・館林方面へと向かっており、タイミングによってはJR直通の100系スペーシアが伊勢崎線の下を潜る姿を見ることができる。◎久喜〜東鷲宮　2021（令和3）年11月21日

羽生駅は秩父鉄道との接続駅。かつては秩父鉄道発着の千住行きセメント貨物列車があり、貨車中継も行われていたが1987年に廃止になった。現在は検査や転属に伴う伊勢崎線と東上本線との車両の移動が秩父鉄道経由で頻繁に行われており、当駅で電車中継されている。◎羽生　2022（令和4）年11月2日

1899年の北千住〜久喜開業時から運転されている貨物列車。路線計画段階から桐生・足利・館林といった織物の町から生糸や絹織物、農作物などの輸送を目論んでいた。長らく蒸気機関車が牽引していたが、通勤輸送増強に伴い貨物列車の速度向上のため1960年頃から順次電気機関車に変更されていった。◎姫宮〜東武動物公園　1981（昭和56）年9月18日

伊勢崎線を走った貨物は赤城や木崎、葛生などの東武線内発着で業平橋などへ向かう線内完結列車や久喜・北千住で国鉄に継走する列車。羽生で秩父鉄道から継走し千住へ向かう列車など様々であった。東武動物公園以南の貨物が廃止された後は、久喜での国鉄継走列車がほとんどで、晩年は重連が基本で運転された。
◎茂林寺前〜川俣　1999（平成11）年9月27日　撮影：諸河 久

1997年に久喜〜会沢線上白石のセメント列車が廃止されると東武鉄道の貨物列車はとうとう久喜〜北館林への石油輸送のみとなった。こちらも2003年10月に廃止となり開業から104年に渡る東武鉄道貨物列車の歴史に終止符を打った。◎羽生〜川俣　2002（平成14）年3月28日　撮影：諸河 久

小泉線と佐野線が分岐する館林には南栗橋車両管区館林派出（旧館林検修区）や東武の車両更新などをおこなう津覇車両が併設されている。かつては館林機関区も設置されていた。伊勢崎線は当駅まで10両編成に対応したホームであるが、現在営業運転で入線するのは8両が最大となっている。◎館林　2019（平成31）年4月29日

中央林間・長津田〜太田で2005年から2010年まで運転されていたフラワーエクスプレス号はあしかがフラワーパークや館林つつじが岡公園へのアクセス列車としてゴールデンウィークあたりで運転された。普段は地下鉄から直通運転されない太田まで乗り入れる臨時列車で、中央林間〜館林は10両編成、館林〜太田では6両編成で運転された。分割ができる直通対応車30000系にはうってつけの列車であったが、2010年以降は北千住または久喜で半蔵門線からの列車を接続するフラワーリレー号となった。◎梶ヶ谷〜溝の口　2010（平成22）年5月3日

伊勢崎線の館林以北は現在、ワンマン化され以南とは分離された運行体系がとられているが2013年までは先にワンマン化された伊勢崎〜太田のみが分離された状態となっており、太田までは浅草からの直通列車も朝晩を中心に数多く設定されていた。また2006年まではワンマン化されておらず浅草〜伊勢崎の準急列車も終日にわたり設定されており、2003年までは太田まで速達運転を行うA準急もあった。◎県〜多々良　2010（平成22）年9月25日　撮影：近藤倫史

1909年に開業した太田駅は関東内陸工業地域の中心とも言える太田市の玄関口。伊勢崎線から小泉線や桐生線が分岐する駅で当駅を中心にX字に線路が敷かれる形となっている。1999年から2004年にかけて高架化され、現在は3面6線。高架化してしばらくはホーム2面分の伊勢崎方は浅草方と別の番線が振られており、10番線まであった。
◎太田　2018（平成30）年5月20日

浅草〜館林・太田・伊勢崎・赤城・葛生を結ぶ特急「りょうもう」「リバティりょうもう」は伊勢崎線の主力特急で、東武鉄道で最も多くの本数が運転される特急列車だ。優等列車としての歴史は古く戦前まで遡るほどで、1999年までは急行列車として運転されていた。太田、桐生、館林といった上越新幹線沿線から少し離れた都市を中心に主に沿線に立地する関東内陸工業地域の企業・工場への出張や朝晩の通勤需要などで利用客も多い。
◎吉水〜堀米
2016（平成28）年10月24日

伊勢崎線の終点となる伊勢崎駅はJR両毛線との接続駅で2013年に高架化されている。高架化前の2010年まではJRと東武の改札口や駅舎は共通で、両毛線下り本線の1番線ホーム小山方に1面2線の伊勢崎線ホームが設置されており、かつては両毛線の115系や107系と伊勢崎線の準急浅草行きが並ぶ光景を頻繁に見ることができた。
◎伊勢崎　2017（平成29）年1月2日

亀戸線

北千住〜久喜開業後に都心側の路線として北千住〜本所〜越中島へ敷設するつもりであった。しかし、なかなか許可が下りず北千住〜吾妻橋（業平橋）と曳舟〜亀戸〜本所の至る支線を1902年と1904年に開業させた。このうちの一つが今の亀戸線だ。亀戸からは総武鉄道亀戸〜両国橋に乗り入れ、曳舟〜亀戸は本線格となった。しかし1908年に総武鉄道が国有化されると1910年に乗り入れを中止。前後してターミナルが吾妻橋へと移転し、亀戸線は支線となった。
◎亀戸水神〜東あずま　2013（平成25）年4月22日

亀戸線は曳舟〜亀戸の3.4kmを結んでおり、開業時から全線複線。2004年10月よりワンマン運転が開始され、大師線と共通運用の8000系2両編成が朝ラッシュ時は3本、日中以降は2本を使用して運転されている。東あずま駅は漢字にすると東吾嬬となり、この一帯がかつて吾嬬町で、吾嬬神社の東側にあることによる。
◎東あずま　2021（令和3）年3月27日

　１面２線の亀戸駅を出て、曳舟に向かう亀戸線。亀戸駅の脇には新小岩から小名木川を経由して越中島へ向かう総武本線貨物支線の越中島線が走っており、東武鉄道が断念した越中島までの鉄路は国鉄によって敷かれた。
◎亀戸～亀戸水神　1986（昭和61）年8月30日　撮影：諸河 久

大師線

1931年に開業した大師線西新井〜大師前は1駅間1kmの路線であるが、元々は東上本線上板橋駅とを結ぶ西板線の一部として建設された。1991年に全線高架化され、線内に踏切が無い東武鉄道唯一の路線となった。また2003年3月に東武鉄道で最初にワンマン化されている。
◎西新井〜大師前
2008(平成20)年1月3日

1991年に高架化された大師前駅はアーチ構造の屋根が印象的な1面1線。1駅しか存在しない大師線では西新井駅に中間改札があり、そこで精算されるため地上時代から長らく無人駅となっており、東武鉄道の無人駅の中で一番乗降客数が多い駅となっている。◎大師前

大師線の高架化工事は1988年に着工され、1991年に高架化された。大師線は複線を見越して建設されたため高架化の際にはこの用地を利用して建設された。写真は高架化工事中の大師前駅。
◎大師前　1990（平成2）年10月23日　撮影：諸河 久

佐野線

館林〜葛生の22.1kmを結ぶ佐野線は、1890年に越名〜葛生で開業した安蘇馬車軌道→佐野鉄道が前身で、1912年に東武鉄道に買収された。葛生地区からの貨物輸送が主体の路線であった。貨物列車が全廃された現在は、主にワンマン運転の普通列車が運行されているが、朝晩合わせて1往復だけ葛生発着の特急「リバティりょうもう」が運転されている。
◎田島〜渡瀬
1986（昭和61）年10月4日
撮影：諸河 久

北館林荷扱所は渡瀬〜田島に1972年5月に開設された貨物駅。付近に建設されたカルピス工場からの製品出荷が主で、後に両毛丸善向けの石油輸送もはじまり、この列車が東武鉄道最後の貨物列車として2003年まで残った。また1987年から車両解体を杉戸工場から当駅へ移転し、貨物廃止後は北館林車両解体場として自社のみならず関東私鉄各社の車両解体が行われている。◎北館林車両解体場　2022（令和4）年4月27日

両毛線との接続駅である佐野駅は、1986年まで葛生発着の貨物列車が両毛線との貨車中継を行っていた。そのため両毛線の2面3線ホームと佐野線の島式1面2線ホームの間には貨物用の授受線が設置されていた。これらは貨物廃止で撤去され、現在は当駅で列車が両線を行き来することができない。◎佐野　2016（平成28）年8月7日

葛生周辺は石灰石やドロマイド（セメントの原料）の原産地で、これを利用して工場で加工された石灰・セメント・砕石などが葛生から奥に延びた路線各駅から出荷され、これが佐野線経由で各地に運ばれた。写真は葛生駅を発車後、山菅荷扱所付近を通過するED5081牽引のセメント貨物列車。セメント貨物列車は主に業平橋へ向けて運ばれていた。
◎葛生〜多田
1981（昭和56）年9月6日

佐野線終点の葛生駅は、当時からホームは1面1線であった。しかしこの駅のメインは旅客ではなく貨物で、駅の先に広がる複数の貨物専用線からの貨物を積んだ貨車が、構内に広がる貨物発着線9線・留置側線10線の貨物ヤードで集約・組成されて各目的地へ向けて発車していった。
◎葛生
1981（昭和56）年8月15日

トラック輸送におされ、鉄道貨物は徐々に輸送量が減っていった。葛生周辺も例外ではなく、専用線を使用する会社も徐々に減っていき1986年には葛生での貨車の入換が必要なくなり、構内の貨物ヤードは大幅に縮小された。現在は旅客ホームは特に変わらず、貨物発着線がたった2線の留置線となった。
◎葛生
2022（令和4）年5月6日

葛生から先には貨物専用線が延びており、セメントや石灰といった各工場へ結ばれていた。このうちメインとなるのは葛生～第三会沢の4.6kmを結ぶ会沢線で、途中駅の上白石では上白石～大叶の1.6kmを結ぶ大叶線と日鉄羽鶴専用鉄道線が延びていた。
◎1981（昭和56）年9月6日

会沢線や大叶線の各駅からは、車扱のある複数社へさらに専用線や引込線が延びていた。しかし1986年10月には会沢線上白石以遠と大叶線が廃止となり、1991年には日鉄羽鶴専用鉄道、1997年に会沢線の葛生～上白石が廃止となり、葛生周辺の貨物輸送は終わりを迎えた。
◎宮本～大叶
1981（昭和56）年9月6日

小泉線

館林～西小泉、東小泉～太田からなる小泉線は全長18.4km。変則的な形をしたこの路線は1917年に開業した館林～小泉町を結ぶ中原鉄道→上州鉄道の小泉線が前身で、1937年に東武鉄道に買収されている。買収後は軍需工場への工員輸送のため西小泉延伸や東小泉～太田がなされた。また館林～太田は伊勢崎線より小泉線を経由したほうが4kmほど短いが、営業キロは揃えられている。2003年より東小泉～太田がワンマン化され、2006年9月には館林～西小泉がワンマン化された。◎本中野～成島　1981（昭和56）年8月2日

1941年に開業した西小泉駅は利根川の砂利採掘のために開業した貨物線の仙石河岸線に中島飛行機小泉製作所の工具輸送用の駅として開業した。軍の要請でさらにこの先、利根川に架橋し熊谷線と繋げる工事をしていたが終戦を迎え計画は中止となり線路は結局繋がらなかった。◎西小泉　2011（平成23）年6月28日

小泉線は仙石河岸の砂利輸送終了以降貨物取扱駅は無くなったが、伊勢崎線太田・木崎・伊勢崎や桐生線赤城発着の貨物列車で館林以南へ直通する列車は伊勢崎線ではなく小泉線経由で運転された。そのため桐生線貨物廃止の1996年まで貨物列車の姿を見ることができた。
◎成島〜本中野
1981（昭和56）年8月15日

熊谷線

軍の要請により、高崎線熊谷から小泉線や伊勢崎線沿線にある中島飛行機への工員・資材輸送のため建設された熊谷線は、熊谷〜小泉線新小泉（予定）までの13.8kmを結ぶ予定だった。工事は日光線の一部区間を単線にし資材を捻出して進められ、まず1943年に熊谷〜妻沼10.1kmが開通した。残る利根川橋梁付近の工事が進められたが、終戦となり工事は中断・中止。残った熊谷線も1983年に廃止となった。◎妻沼　1981（昭和56）年8月2日

桐生線

太田～赤城の20.3kmを結ぶ桐生線は、1911年に太田～藪塚で開業した藪塚石材軌道→太田軽便鉄道が前身で、1913年に東武鉄道に買収され、ほぼ同時に相老まで開業した。1932年に相老～新大間々（赤城）の開業で全通している。また特急「りょうもう」が全線に渡って運転されており、都心アクセスの悪い桐生市やみどり市（旧大間々町）の重要なアクセス列車となっている。
◎治良門橋～藪塚
2021（令和3）年5月3日

わたらせ渓谷鐵道（元国鉄足尾線）との接続駅である相老駅。桐生線は両毛線とは交差するものの駅は設けられいないため、かつては桐生界隈で国鉄線との接続駅は当駅のみであった。駅業務はわたらせ渓谷鐵道がおこなっている。
◎相老　2016（平成28）年5月5日

上毛電気鉄道上毛線との接続駅である赤城駅。かつては直通運転も行われ、「赤城夜行」や「じょうもう」などが乗り入れていた。1996年までは駅に隣接していた群馬くみあい飼料赤城工場への飼料用輸入トウモロコシ輸送が行われていた。また1958年までは新大間々駅であった。◎赤城　2016（平成28）年5月5日

日光線

東武動物公園～東武日光の94.5kmを結ぶ日光線は1929年に開業し、その年のうちに全通した。伊勢崎線とともに東武本線系統の基幹路線で、日光・鬼怒川方面へ多数の特急が運転されている。また開業時から全線複線・全線電化であったが、戦時中に資材不足から合戦場～東武日光は単線化された。全線複線復旧は戦後、1973年であった。
◎下小代～板荷　2021（令和3）年12月19日

1986年に杉戸高野台駅と共に開業した南栗橋駅は新設された春日部検修区南栗橋派出所の入出庫駅として開設された。ホームは島式2面4線で、駅の東武日光方に車庫がある。開業により幸手発着であった列車は当駅発着に変更され、平日の朝方には本線系統初の10両編成列車が南栗橋～曳舟で運転された。
◎南栗橋
2017（平成29）年8月26日

1986年に春日部検修区南栗橋派出所として開設された。2003年には春日部・館林・新栃木の検修区を統合し、南栗橋検修区本区となった。翌年には杉戸工場、西新井工場を統合移管した南栗橋工場が開設され、南栗橋車両管区本所と改められている。またSL動態保存に際して、SL検修庫が敷地内に建設されている。
◎南栗橋車両管区南栗橋工場　2009（平成21）年11月8日

2006年3月から開始された東武鉄道とJRとの相互直通運転。その接続駅となる栗橋駅では、かつて両社が貨車中継をしていた授受線跡地に連絡線が新設され、乗務員交代のための昇降台が設けられている。しばらくは直通列車のみが使っていたが、2021年からは甲種輸送の授受にも使用され、JR貨物のDD200形が東武鉄道側の栗橋駅まで乗り入れてくるようになった。◎栗橋

日光線は栗橋〜新古河で利根川を渡っている。利根川の高い堤防を越えるため、利根川橋梁の手前には長い勾配のある築堤が築かれている。この付近は1947年のカスリーン台風の際に、上流に約1km付近の右岸で利根川が決壊。これを機に大規模な河川改修が行われ、利根川橋梁の左岸では引堤工事がなされ、100mほど川幅が拡幅され、合わせて橋梁も100m延伸している。
◎栗橋〜新古河
2017（平成29）年4月2日

日光線の貨物列車は北鹿沼以北と鬼怒川線が1972年に廃止となり、その他の貨物も1984年2月のダイヤ改正で廃止となった。その後は東武動物公園～宇都宮線柳原信号場で保守用のバラスト輸送が行われていたが、これは1989年11月に廃止された。
◎栗橋～新古河
1981 (昭和56) 年8月14日

「スペーシア」の伝統を維持・継承をし、次なるフラッグシップトレインとしての役割を象徴した「スペーシアX」という愛称名が名付けられたN100系を使用して運転される特急「スペーシアX」。これまで日光線の特急は行き先で「きぬ」「けごん」の愛称であったが、行き先問わず全て車両愛称名と同じ「スペーシアX」という列車愛称名で2023年7月15日より運転されている。
◎新大平下～静和
2023（令和5）年4月22日

両毛線との接続駅である栃木駅。高架化前のホームは島式1面2線で、駅業務はJRに委託され、改札は共通で両線ホームは跨線橋にて連絡していた。2000年5月の高架化後は、東武の自社管理駅となり、相対式と島式の2面3線となった。
◎栃木　2018（平成30）年12月2日

浅草～東武日光で運転されていた快速急行「だいや」は1991年のダイヤ改正で、300型を使用した急行「きりふり」に格上げされた。しばらくすると特急「けごん」化が相次ぎ、2001年に一度廃止された。しかし2006年の特急化の際に復活し、平日の通勤特急として運転されていたが2017年に大半がスカイツリーライナーとなり、土日に細々と走っていたが、2022年に廃止された。◎楡木～東武金崎

浅草～東武日光・鬼怒川線を結んだ6000系時代の快速。1965年の6000系登場時に準快速とそれまでの快速を統合する
形で運転がはじまった。一時期は浅草方1両が座席指定車になっていたが1973年に取り止められている。日光線を代
表するの無料速達列車として活躍した。◎北千住～小菅　1981（昭和56）年9月8日

東武日光発着と鬼怒川線発着列車を浅草～下今市で併結する運用は1960年9月に準快速からはじまり、6000系の快速、
6050型の快速・区間快速に引き継がれていき、当初は2行先であった列車は野岩鉄道・会津鉄道乗り入れ後は3行先に
なる列車も現れた。◎松原団地　2006（平成18）年8月29日　撮影：近藤倫史

日光線は北鹿沼付近から、山あいを縫うようにアップダウンを繰り返して日光へ向かっている。写真は行川橋梁を渡る6050型で、この付近は高い築堤が築かれている。なお開業時から複線だったこの区間は戦時中に単線化されるが、その際には写真手前側の上り線のレールが剥がされた。◎板荷〜下小代

日光への観光輸送は日光線が全通した1929年より開始され、それから長きに渡って国鉄・JRとの乗客争奪がなされた。当初は急行列車が運転されていたが、浅草雷門駅が開業した1931年から浅草雷門〜東武日光で特急列車の運行が開始され、1935年には東武鉄道初の特急専用車デハ10系が登場している。この争いは戦後1720系DRCが登場した頃から徐々に勝負がつき始め、1982年には国鉄日光線から定期優等列車の設定が無くなっている。1990年に100系スペーシアが登場するとその地位を確固たるものとした。
◎板荷〜下小代
1999（平成11）年6月6日
撮影：諸河 久

浅草〜東武日光・鬼怒川線・野岩鉄道・会津田島を結んだ6050型時代の快速。野岩・会津鉄道に乗り入れるようになり、1997年から板倉東洋大前に停車するようになった以外は基本的に同じであった。2006年３月のダイヤ改正で日光線内各停となる区間快速が登場（晩年は新大平下以北が各停）。以降、快速と区間快速の２本立てで運転されたが、2017年に廃止となった。
◎栗橋〜新古河
1999（平成11）年５月30日
撮影：諸河 久

春になると駅周辺にツツジが咲き乱れる下小代駅。2007年までは1929年の開業時に建設された木造駅舎が使われていた。駅舎建て替えの際に保存が要望され、現在では国の登録有形文化財として駅近くに移設・保存されている。
◎下小代　2012（平成24）年５月13日

日光線と鬼怒川線が分岐する下今市駅。現在はSL大樹運行開始時に昭和レトロ感のある雰囲気にホームや駅舎などが全面改修されたが、写真は改修前の姿。また明神〜下今市には東武鉄道唯一の山岳トンネルである十石坂トンネルがある。全長は40mほどで注意していないと気づかないほどだ。◎下今市　2013（平成25）年1月20日

下今市駅のホームは東武日光方面と鬼怒川方面を対面接続や緩急接続できる島式2面4線となっている。駅の東武日光方で日光線と鬼怒川線が分岐しており、両線の列車が同発同着できるような配線となっているが、1番線と3番線は鬼怒川線への発着ができない構造となっている。◎下今市　2010（平成22）年3月20日

SL復活運行に向けて2017年5月に開設された下今市機関区。転車台は山陰本線長門市駅構内の旧長門機関区のものが移設された。当初検修庫は2線であったが、2020年に機関車が増備されたことにより3線へ増築された。転車台周りは機関車を間近で見られる転車台広場やSL展示館が設置されている。◎下今市機関区　2021（令和3）年1月11日

2020年10月に団体列車として下今市～東武日光で運転を開始した「SL大樹ふたら」。2021年10月からは特定日運転の定期列車となっており、下今市～東武日光、東武日光～鬼怒川温泉で運転されている。列車名の「ふたら」は日光二荒山神社が由来だ。
◎上今市～東武日光
2020（令和2）年10月3日

日光線には急勾配があることや東武日光駅構内に転車台が無いことから、「SL大樹」同様にDE10形が下今市方に連結されている。特に「SL大樹ふたら72号」では東武日光～下今市ではDE10形牽引で走行しており、そのまま方向を変えてC11形牽引で鬼怒川温泉に向かう。◎東武日光～上今市　2020（令和2）年10月3日

東武日光駅は日光の玄関口として長年のライバルJR日光駅の西側に隣接するように立地しており、駅構内の外れでは
JR日光駅の終端部を高架橋で越えている。また日光・中禅寺湖・奥日光などの玄関口として駅前からは多数のバスが
発着している一大拠点だ。◎東武日光～上今市

頭端式のホームはＹ字に分かれた形になっており、１・２番線は普通や急行などが、４〜６番線は主に特急が使用している。写真は４〜６番線にずらりと並んだ日光線の主力特急３形式。手前から特急「スペーシアＸ」のN100系、「回送」の500系、特急「けごん」の100系だ。N100系の前頭部の流線型が100系由来であることが分かる一コマにもなっている。
◎東武日光　2023（令和５）年６月６日

鬼怒川線

下今市〜新藤原の16.2kmを結ぶ鬼怒川線は、1917年に開業した下野軌道→下野電気鉄道が前身で、1943年に東武鉄道に買収された。沿線には鬼怒川温泉や東武ワールドスクエア、日光江戸村などが立地し、観光路線色が非常に強く、2017年からはSLの復活運転が開始された。。また東武の支線区は単線であることが多いが、鬼怒川線は鬼怒立岩信号場〜鬼怒川温泉駅の0.8kmで複線化されている。
◎大桑〜大谷向　2011（平成23）年秋

下今市駅構内に旧転車台設備の遺構が確認されたことをきっかけに「鉄道産業文化遺産の保存活用」と日光・鬼怒川エリアの新たな「地域の観光活力創出」を目指したSL復活運行プロジェクト。運転開始までにSL施設の建設や多数の鉄道会社の協力により施設・車両の譲渡・貸与、乗務員の育成がなされ、2017年に運行が開始された。
◎大桑〜大谷向　2017（平成29）年5月27日

明治期の1896年にイギリスのハンディサイド社製 支間60.96m下路プラットトラス橋と1987年イギリスのクリーブランド・ブリッジ社製 支間24.38m上路プレートガーダー桁で構成された砥川橋梁。1917年に下野軌道が架橋した旧橋梁を架け替えるため、1946年に常磐線阿武隈川橋梁のうち1スパンを転用した。2017年に国の登録有形文化財に指定されている。◎新高徳〜大桑　2021（令和3）年8月8日

快速急行「おじか」の鬼怒川線内発着列車は「ゆのさと」として急行化された。こちらは6両編成の300型でも運転されたが1999年に臨時列車化された。その後、2005年に急行「南会津」の運転区間短縮により浅草〜新藤原で復活したが翌年に行われた有料急行列車廃止により特急格上げされずに廃止された。
◎下小代〜板荷　1993（平成5）年8月3日　撮影：諸河 久

かつては下野電気鉄道時代に架けられた元 九州鉄道の支間47.25mボーストリングトラス桁橋2連であった鬼怒川橋梁は、東武鉄道の観光ポスターに多用されるほど特徴的な外観であった。しかし老朽化により1972年に支間44.4mの上路鋼箱桁橋に架け替えられた。◎大桑〜新高徳　2017（平成29）年8月26日

2017年8月10日から運転を開始した下今市〜鬼怒川温泉を結ぶ「SL大樹」。列車愛称の「大樹」は日光東照宮から連想する「将軍」の別称・尊称で、また東京スカイツリーも連想させることから名付けられた。当初は1日3往復であったが、C11形325号機が譲渡されてからは4往復運転されることもある。またC11形ではなくDE10形牽引で運転される際は「DL大樹」となる。◎鬼怒川温泉〜鬼怒立岩信号場　2017（平成29）年8月26日

東武ワールドスクエアの最寄駅として2017年7月に小佐越〜鬼怒立岩信号場間に開業した東武ワールドスクエア駅。これまでの最寄駅だった小佐越駅は施設から遠かったことから、メインゲートからすぐの位置に建設された。当初はワールドスクエア営業時間帯のみ全列車停車していたが、2020年より終日全列車停車するようになった。◎東武ワールドスクエア　2017（平成29）年8月11日

鬼怒川温泉の玄関駅である鬼怒川温泉駅には、「SL大樹」運転に向けて芸備線三次駅構内の旧 三次機関区より転車台が駅前広場の横に移設された。転車台を新製ではなく譲渡にしたのは、蒸気機関車が実際に使用していたものが欲しかったためだそうだ。この際に保安装置を搭載した緩急車と一緒に転向するため転車台の桁が延長されている。
◎鬼怒川温泉　2017（平成29）年8月11日

野岩鉄道、会津鉄道

国鉄日光線今市駅と国鉄会津線会津滝ノ原駅を結ぶ路線として計画された国鉄野岩線は、国鉄再建法により工事が途中凍結されたが、第三セクター鉄道野岩鉄道として工事を再開し、1986年に鬼怒川線の新藤原〜会津高原（元会津滝ノ原）が会津鬼怒川線として開業した。開業時から東武鉄道と相互直通運転を行なっており、この路線を経由してさらに先の会津鉄道（旧国鉄会津線）会津田島までも運転を行なっている。◎川治湯元〜川治温泉　2021（令和3）年11月7日

1991年に浅草～会津田島の快速急行「おじか」を格上げする形で設定された急行「南会津」。有効長の関係で4両編成の350型で運転され、優等列車としては唯一の野岩・会津鉄道乗り入れ列車として運転された。しかし2005年に会津若松から直通の「AIZUマウントエクスプレス」が鬼怒川温泉に乗り入れることとなり、区間短縮の上で廃止された。
◎七ケ岳登山口～会津荒海　1996（平成8）年5月7日　撮影：諸河 久

浅草～会津田島で運転されていた快速・区間快速を置き換える形で2017年から特急「リバティ会津」の運転がはじまった。以前は有料急行列車や臨時特急の運転はあったものの野岩・会津鉄道に乗り入れる初の定期特急列車で、JR線以外で都内から唯一福島県内まで乗り入れる特急列車である。◎会津山村道場～会津荒海　2021（令和3）年10月24日

宇都宮線

1931年に開業した宇都宮線は新栃木〜東武宇都宮の24.3kmを結ぶ路線。当初は全線複線電化で開業予定であったが、昭和恐慌により単線電化に変更された。沿線からは思川の砂利や大谷石などが出荷され、貨物輸送も例外なく行われていた。現在は、ワンマン運行の20400型が線内運転の他、日光線栃木や南栗橋発着の直通列車も運転されている。
◎壬生〜国谷　2021（令和3）年8月7日

野州大塚〜壬生で宇都宮線は思川を渡る。思川では砂利採掘が行われており、壬生駅からは小倉川砂利線（1984年廃止）、野州大塚付近にあった柳原信号場からは柳原線（1989年廃止）という砂利線がそれぞれ分岐し、河川敷へ延びていた。
◎壬生〜野州大塚　1986（昭和61）年6月15日　撮影：諸河 久

2006年のダイヤ改正で、有料急行列車が廃止され急行種別は無料優等列車となるため、急行「しもつけ」は特急「しもつけ」に格上げされた。しかし種別が変わっただけで車両や特急料金はこれまで通り350型でかつ同じであった。その後は宇都宮線に直通する唯一の特急列車として運転されたが、2020年に廃止され、宇都宮線から定期有料優等列車は消えた。
◎竹ノ塚～西新井
2017(平成29)年1月3日

1991年7月のダイヤ改正で快速急行「しもつけ」は350型で運転される急行「しもつけ」に格上げされた。同時に急行化された他の列車はイラスト入りのマークが用意されたが、ビジネスユースが想定された「しもつけ」には当初定期券でも乗車できる「ビジネスライナー」の文字が入ったマークが用意された。1997年に全優等列車で定期券が使用できるようになり、「ビジネスライナー」の名称は外され、他の列車と同じようなマークに変更された。
◎西新井～梅島
1996(平成8)年10月18日
撮影：諸河久フォト・オフィス

野田線

野田線は大宮～船橋の62.7kmを結ぶ
路線。起点の大宮駅はJR大宮駅の東
側に隣接した位置にある島式１面２
線ホームで、真横には東北本線が走
る。そのためJRの車両や時折、大宮
駅付近を走るJR直通の100系スペーシ
アと顔を合わせる。
◎大宮
2014（平成26）年４月14日

大宮〜春日部は野田線の中でも特に旅客需要の高い区間だ。1957年の北大宮〜大宮公園を皮切りに、1974年2月までに大宮〜岩槻間が複線化された。またこの区間で最後に複線化されたのは大宮公園〜大和田であった。写真は見沼代用水と芝川に挟まれた見沼田んぼで、秋になるとコスモスが咲き乱れる。
◎大宮公園〜大和田
2016（平成28）年10月21日

野田線　71

野田で生産される醤油を鉄道を使って運ぶべく1911年に野田町〜柏で開業した千葉県営鉄道→北総鉄道が前身の野田線。その後、柏〜船橋や野田町〜清水公園、大宮〜粕壁が順次開業し、1930年に粕壁〜清水公園が完成し全通した。それと前後するように北総鉄道は総武鉄道へ社名を変えたが、1944年に東武鉄道に買収された。
◎大宮公園　2018（平成30）年8月19日

野田線の中で他線接続のない駅としては一番乗降客数の多い岩槻駅は、1929年の北総鉄道大宮〜粕壁開業で開設され、当時は岩槻町駅であった。駅ホームは相対式と島式ホームを複合した2面3線で、構内には電留線も設置されている。また大宮〜春日部間で唯一の急行停車駅でもある。◎岩槻　2010（平成22）年3月3日

2016年3月から、これまで各駅停車のみの運転であった野田線に急行列車の運転が開始された。この急行は大宮〜春日部、運河〜船橋で急行運転を行い春日部〜運河は全ての駅に停車している。また2020年からは大宮〜春日部のみ急行運転を行う区間急行の運転も開始された。◎大和田〜大宮公園　2018（平成30）年8月19日

春日部は伊勢崎線との接続駅で、野田線唯一東武鉄道の他路線と接続している駅だ。当駅の柏方では野田線が伊勢崎線をオーバークロスしている。東武鉄道の路線は放射状に延びている路線が多いが、野田線は外郭路線となっており、6駅が他線との接続駅となっている。◎春日部〜藤の牛島　2023（令和5）年1月13日

野田線は複線化工事が進められ、大宮〜春日部、運河〜船橋といった他線接続のある駅の周辺を中心に複線化された。しかし輸送人員が少なくなる春日部〜運河は単線区間で残っており、すべての駅で列車交換が行われるほど単線としては限界に近い過密ダイヤとなっている。◎春日部〜藤の牛島　2017（平成29）年4月7日

野田線最後の開業区間となった春日部〜清水公園には川が多く、その中でも江戸川は特に大きな川でそこに架けられたのがこの江戸川橋梁だ。1955年に江戸川の河川改修で引堤と堤防拡幅が行われ、14.5m下流に移設された。この際に単線下路曲弦ワーレントラス桁が2→3となり、上路プレートガーダ桁も部分的に桁の交換と新設がなされた。現在13スパンあるが、8スパンが1925年から使われている橋桁だ。◎川間〜南桜井　2011 (平成23) 年12月18日

野田線は野田の醤油組合が作った路線ともいえ、開業時から醤油の製品輸送が行われてきた。野田市駅周辺にはキッコーマンの工場があり、かつて多数の側線も設けられていた。野田町〜柏や野田町〜久喜などで貨物列車が設定されていたが、1985年3月に廃止となった。◎野田市　1981 (昭和56) 年7月12日

流山おおたかの森駅は2005年8月につくばエクスプレスとの接続駅として、初石〜豊四季間に開設された。当初、駅周辺には田畑が広がっていたが駅周辺では大規模な開発がなされ、つくばエクスプレス沿線各地に造成された"つくばエクスプレスタウン"の中では最大級の規模となった。
◎初石〜流山おおたかの森
2022（令和4）年6月20日

利根運河を都市用水として使用するために拡幅改修が行われ、それに伴って野田線の橋梁も1976年に全長28.5mの旧橋から現在の全長90m5スパンのPC桁橋に架け替えられた。この付近は単線であるが、複線用地が確保されていたため、別線に切り替える形で架橋された。また4～5月頃には多数の鯉のぼりがこの付近の利根運河の上を泳いでいる。
◎梅郷～運河
2013（平成25）年

常磐線との接続駅である柏駅。野田線が貨物営業していた頃は当駅で常磐線との貨車中継が行われていた。ホームは頭端式2面4線で、スイッチバック駅となっている。かつて大宮～柏が野田線、柏～船橋が船橋線だった名残もあり、一部列車を除き大宮～柏と柏～船橋で運転系統が分かれている。◎柏

新京成線や北総線との接続駅である新鎌ケ谷駅。1992年に新京成線の駅が開設され、両線の接続駅となっていたが、真下を走る野田線には長らくホームが設置されてなく、信号場はあるものの駅の予定はなかった。後に鎌ケ谷市の働きかけにより1999年にようやく野田線の駅が開設された。写真は駅付近に単複線切替の新鎌ケ谷信号場が設置されたが、野

田線の駅がなかった時代のもの。現在、この付近には新鎌ヶ谷駅のホームが設置されている。
◎新鎌ヶ谷信号場～鎌ヶ谷　1996（平成 8）年 6 月20日　撮影：諸河久フォト・オフィス

東上本線

東上本線の始発駅である池袋駅は西口にある東武百貨店の1階に位置しており、ホームは頭端式3面3線。1番線の隣には山手線が使用しているJR池袋駅8番線があり、かつては国鉄線からホーム番線が連続で振られていた。また1963年まで当駅で国鉄との貨車中継を行っていた。
◎池袋
2015（平成27）年1月16日
撮影：近藤倫史

池袋〜寄居の75kmを結ぶ東上本線は、東上鉄道により最初の区間が1914年5月1日に池袋〜田面沢（入間川東岸付近）間で開業。1916年には川越町〜坂戸町、1923年に坂戸町〜武州松山、武州松山〜小川町と順次延伸開業した。1925年に小川町〜寄居の開業により全通した。◎森林公園検修区　2012（平成24）年11月18日

路線も離れていれば、運行形態も東武本線系統とは別物である東上本線。本線系統では特急やかつて急行が有料だった頃から無料列車であったり、10両編成主体の運行などと、同じ会社ながら差異が多い。東上とは東京と上州・群馬を結ぶ当初の路線計画の名残で、両者の頭文字からとられた。◎池袋〜北池袋　2014（平成26）年5月1日

東上本線は大塚辻町を起点として、川越、児玉を経由して渋川を結ぶ私設鉄道法に基づき免許を取得していた。しかし国鉄線との接続を考慮していなかったため、連絡線として下板橋〜池袋を軽便鉄道法により免許を取得した。そのため東上本線の0kmポストは下板橋駅構内にあり、ここから池袋方は－km表記となっている。
◎下板橋　2016（平成28）年3月29日

下板橋駅には電留線があり、東上本線の都心側の拠点となっている。この電留線の横にはかつてセメントの包装所や中継所があり、ここで寄居で秩父鉄道から継走されてきたセメントや日高の日本セメントからのセメントがトラックへ積み替えられ、都内各地へ運ばれた。◎下板橋留置線　2013（平成25）年1月29日

東上本線では激しさを増すラッシュ時の混雑緩和策として、1967年に8両運転を開始し、1979年には池袋〜小川町でドアカットも含めて10両化対応されている。これに対して浅草駅などの有効長の問題で長編成化できない東武本線系統は複々線化を進めて列車本数を増やすことでカバーしていた。◎下赤塚〜東武練馬　2013（平成25）年3月26日

2008年6月14日から運転を開始した東上線約50年振りの有料列車となった「TJライナー」。朝晩の着席通勤需要に応えた列車で、既にこのような列車は伊勢崎線の朝晩の「けごん」「きりふり」、JRの「湘南ライナー」や「ホームライナー」、小田急のロマンスカーなどがあったが、いずれも特急型車両の間合い利用であった。しかし「TJライナー」は特急車両ではなくマルチシート車で、ライナー以外はロングシートで運用される通勤車兼用となっている。このようなスタイルは以降、西武や京王、東急などでも採り入れられ、これらの先駆け的な列車となった。
◎東武練馬〜下赤塚　2015（平成27）年7月12日　撮影：諸河 久

成増駅は東上本線開業の1914年に開設された駅。島式２面４線ホームの橋上駅となっている。隣の和光市以遠では地下鉄からの直通列車が運転されるため、池袋〜成増では区間運転の普通列車が多数運転されている。そのため寄居方には引上線が設置されている。◎成増　2020（令和２）年10月25日

東上本線は1929年に電化されていたが、貨物列車は1959年まで蒸気機関車で運転されていた。以降は主にED5010形で運転された。東上線系統の貨物は、早々に一般貨物は終わり、セメント・原料の粘土輸送や志木の油槽所への石油輸送（1974年廃止）などが主だったが1986年10月に廃止された。写真の区間では地下鉄有楽町地下鉄成増〜和光市の工事の真っ最中である。◎成増〜和光市　1981（昭和56）年9月18日

地下鉄有楽町線との直通運転の際に和光市〜志木間の5.3kmで複々線化された。工事は1981年に本格着手し、1987年に完成した。方向別複々線で、内側を普通列車と地下鉄直通列車、外側を池袋発着の優等列車が運転されている。2016年3月からは地下鉄直通列車も東上本線内優等運転がはじまったため、内側の列車でも通過運転が行われるようになった。◎和光市〜朝霞台　2014（平成26）年4月29日

柳瀬川駅の寄居方すぐにある駅名の由来にもなった柳瀬川。志木市と富士見市境であるこの付近の堤防は桜並木となっており、毎年春先になると桜の花が咲き乱れる。
◎みずほ台〜柳瀬川
2017（平成29）年4月5日

新河岸〜川越では東上本線の下をJR川越線が潜り抜けていて、並ぶようにして川越駅に到着する。1963年に池袋での国鉄との貨車中継が廃止されると、東上本線では川越駅だけで行われるようになっていた。そのため両線ホームの間には貨車中継のための授受線が設けられていたが、貨物廃止後に改良工事でのホーム増設などにより、その痕跡は僅かとなっている。
◎新河岸〜川越
2013（平成25）年5月17日

東上本線

かつては川越電車区が設置されていたが、森林公園へ移転したため1971年に跡地へ川越工場が開設された。これにより東上線の車両は一部を除き杉戸や西新井工場での検査が移管された。しかし、2020年に工場業務は南栗橋車両管区南栗橋工場と森林公園検修区へ移管され、川越工場は閉鎖された。◎川越市　2013（平成25）年３月22日

2019年３月から川越PRの一環として、50090型がクロスシート仕様で運転する料金不要の「川越特急」の運転が開始された。池袋〜森林公園・小川町で運転され、途中停車駅は上下列車ともに朝霞台・川越・川越市・坂戸・東松山以遠となっており、停車駅が非常に少ないのが特徴で、池袋〜川越を最速26分で結んでいる。
◎川越市〜霞ヶ関　2019（平成31）年４月13日

川越市～霞ケ関には入間川があり、東上本線は1916年の川越町～坂戸町開業時に架けられた。現在の入間川橋梁は川越市～坂戸複線工事の際に架け替えられた。1964年製の複線下路ワーレントラス桁4連で、全長は210m。元々あった入間川橋梁の上流側に建設され、現在でも旧橋梁のレンガ造りの橋台が残っている。◎川越市～霞ケ関　2014（平成26）年9月21日

1916年に東上鉄道川越町～坂戸開業時に的場駅として入間郡霞ヶ関村に開業した。その後1929年に埼玉県初のゴルフ場として霞ヶ関カンツリー倶楽部が開設されたことにより、1930年に駅名を霞ケ関駅に改称している。かつては当駅から入間川砂利採掘輸送のため埼玉県営鉄道の専用線が延びていた。余談だが、この霞ケ関の駅名は戦後、営団地下鉄でも採用され、東武本線系統では直通列車も運転されている他、小川町駅も東上本線と都営地下鉄の両方に存在する駅名となっている。◎霞ケ関　2016（平成28）年8月21日

高坂を出ると東上本線は都幾川を渡り、田園地帯の中を東松山へ向けて進んで行く。この都幾川橋梁は上り線が1923年の坂戸町～武州松山開業時に架けられた上路プレートガーダ桁が使われ、下り線は1968年の複線化の際に架けられた中路プレートガーダ桁となっている。写真は上り列車だ。◎東松山～高坂　2012（平成24）年11月18日

川越市駅に隣接していた川越電車区が手狭になったことから、1971年3月に森林公園駅近くへ移転し、森林公園検修区として開設された。東上線系統の全ての車両が所属し、検査や車両保守などを行っている。また開設当時東松山～森林公園間は単線だったため、車庫移転で本数が増えたことなどから1977年に複線化された。
◎森林公園検修区　2014（平成26）年11月7日

東上本線は池袋～嵐山信号場の60.1kmが複線で、これより先の嵐山信号場～寄居の14.9kmは単線区間となっている。そのため池袋や副都心線・東急東横線から小川町まで直通運転される列車は、4kmほど単線区間を営業運転で走行している。
◎小川町～嵐山信号場
2022（令和4）年5月21日

現在は池袋からの直通列車が運転されなくなった小川町～寄居間はかつて寄居から秩父鉄道へ直通運転する特急「ちちぶ」「ながとろ」「みつみね」などが運転されていたが、1992年に乗り入れは全て終了した。その後も池袋～寄居を直通する特急が運転されていたが、2005年3月のワンマン化で廃止され、系統分離された。また2023年3月からは日中時間帯のワンマン区間が森林公園～寄居と延伸された。
◎玉淀～寄居
2010（平成22）年3月11日

東上本線での秩父セメントの専用貨物列車の歴史は古く1925年の寄居開業まで遡ることができる。袋詰やバラ積みのセメントが秩父鉄道から東上本線に乗り入れ、かつては秩父鉄道籍の貨車が入線していたが、後年は国鉄籍の私有貨車であるホキ5700形などで運転された。◎玉淀〜鉢形　1981 (昭和56) 年8月15日

鉢形～玉淀に架かる荒川橋梁は、1925年の小川町～寄居開業の際に建設された。橋梁は上路プラットトラス桁3連で、トラスの両端にはそれぞれ上路プレートガーダ桁1連が架けられており、全長は162.4mとなっている。橋の付近は玉淀と呼ばれる埼玉県指定の名勝で、深い渓谷にかかる上路トラス橋は自然と相まって実に美しい。
◎鉢形～玉淀　2016（平成28）年11月16日

東上本線全通となる1925年の小川町～寄居開業時に秩父鉄道との接続駅として開設された寄居駅。開業当初から秩父鉄道との貨車中継を行い、下板橋などへセメントを輸送していた。当初の計画では寄居から先、群馬県渋川市まで東上本線は延伸予定だったが、着工できず当駅が終点となった。◎寄居　2018（平成30）年10月13日

越生線

坂戸〜越生の10.9kmを結ぶ越生線は1932年に高麗川の砂利輸送をする越生鉄道として開業。その後、八高線延伸に伴って1934年に森戸〜越生が開業し、旅客営業を開始した。当初から東上本線と連絡していたが、1943年に政府による交通統合の方針により東武鉄道に吸収合併された。現在は東上本線唯一の支線となっており、2008年からワンマン運行が行われている。◎越生〜武州唐沢　2021（令和3）年4月6日

越生線は高麗川の砂利輸送を目的に建設され、当初は東武の機関車を借り貨物列車のみが運行されていた。合併後は1963年に西大家信号場から日本セメント埼玉工場への専用線が開業し、廃止となる1984年まで原料の粘土と完成したセメントを輸送していた。また東上線の貨物列車はED5010形が大多数を占めていた。◎西大家〜一本松　1981（昭和56）年8月15日

越生町は梅が有名で、春先には関東三大梅林の一つである越生梅林で梅まつりが実施される。1996〜2003年頃にはこの祭りに合わせて、池袋〜越生の直通列車「越生観梅号」が運転されていた。かつて越生線には朝夕の川越市発着や観光急行「くろやま」「かまきた」など東上本線との直通列車が運転されていたが、だいぶ前に取り止められている。
◎越生〜武州唐沢　2022（令和4）年3月13日

八高線との接続駅である越生駅は越生線の終点。時折、八高線のキハ110系と東武の車両が並ぶことがある。八高線と東上線系統は越生、小川町、寄居と3駅で接続している。また改札などの駅での営業業務は2019年3月までJRに委託されていたが、無人化になるのに伴い越生線のみ東武側で行われるようになった。◎越生　2021（令和3）年4月6日

100系

東武特急車初のGTO-VVVFインバータ制御で、全車両電動車となっており設計最高速度は130km/h。車内の設計には銀座東武ホテルの設計も手がけたデザイナーも参加している。ホテルの客室を意識した設計となっており、特に6号車は個室専用車となり、車内には私鉄初の個室車となるコンパートメントが設けられた。
◎栗橋～東鷲宮
2009（平成21）年11月3日
撮影：近藤倫史

2006年3月のダイヤ改正から、長年日光輸送でライバル関係にあったJRと東武は遂に手を組むことになり、特急列車の相互直通運転がはじまった。106～108編成の3本にはATS-PなどのJR対応の保安装置が設置された他、6号車のコンパートメントはグリーン車となりグリーンマークが掲出された。JR線には定期運用のある新宿以外に年に数回、中央本線八王子発着の運転される「スペーシア八王子」などでも使用される。
◎立川～日野
2019（平成31）年4月14日

フラッグシップトレインであった1700・1720系DRCの置き換えとして1990年に登場した100系は、前頭部の流線型が特徴的なオールアルミ車体で東武初のブルーリボン賞を受賞した。愛称は公募で決められ、「スペーシア（SPACIA）」と名付けられ、東武の次なるフラッグシップトレインとして1991年までに6両編成9本が製造された。
◎業平橋　1990（平成2）年4月11日　撮影：諸河 久

東京スカイツリー開業前年の2011年からリニューアル工事が行われ、車体塗色の太帯が３本ずつ３種類に塗り替えられた。まず12月に登場したのは東京スカイツリーライティングデザインの一つである江戸紫をあしらった「雅」だ。細帯はいずれの塗色でもフューチャーブルーと変更された。◎明神〜下小代

２つめの塗色は2012年２月に登場した東京スカイツリーライティングデザインの一つである隅田川の水をイメージした淡い水色をあしらった「粋」。車体側面のロゴは"I"の部分を東京スカイツリーの塔体としたものに変更された。◎東武日光〜上今市　2012（平成24）年５月７日

　３つめの塗色は2012年３月に登場した日光・鬼怒川方面の観光列車の象徴であるサニーコーラルオレンジだ。元々の色と似ているが、パープルルビーレッド帯の部分が東武グループカラーであるフューチャーブルーへと変更されている。2012年９月末までに全編成への施工が終わり、原色編成は一度見納めとなった。
◎幸手～杉戸高野台　2012（平成24）年10月29日　撮影：近藤倫史

　2015年の日光東照宮四百年式年大祭に合わせて、世界遺産である日光二社一寺の建物に使用される荘厳な金色、重厚な黒、艶やかな朱色で建物をイメージしたカラーリングに塗られ登場した「日光詣スペーシア」。２本が塗り替えられ、そのうち１本はJR直通対応車で、いずれもサニーコーラルオレンジの車両が塗り替えられた。
◎鬼怒川温泉～鬼怒立岩信号場　2017（平成29）年８月26日

2021年に100系、200型デビュー30周年を記念してリバイバルカラーが登場した。100系では101編成が1700・1720系と同じロイヤルマルーンとロイヤルベージュのツートンカラーに塗り替えられた。また日光詣スペーシア以外の編成は2012年に一旦消滅した登場時のカラーリングに塗り替えた他、一部編成は廃車となった。
◎新大平下〜静和　2023（令和5）年4月22日

N100系

100系登場から30年以上経ち、次なるフラッグシップトレインとして2023年に登場したN100系「スペーシアX」。乗った時から日光・鬼怒川エリアを感じられる車両として2023年頭にまず2編成が日立製作所で製造され、2023年7月15日より運転を開始した。2023年度中にはもう2編成が増備され、4編成体制になる予定だ。
◎鐘ヶ淵　2023（令和5）年6月26日

これまでの特急車と異なり、N100系では複数の座席スタイルが用意された。特に目を引くのは浅草方先頭にある個室「コックピットスイート」で、運転室後ろがまるまる個室となる。またその後ろには100系「スペーシア」から引き続き4人用の個室「コンパートメント」という形で設置されている。
◎東武日光〜上今市　2023（令和5）年6月6日　撮影：諸河 久

N100系はアルミ車体の6両編成で、両先頭車の側面窓枠は江戸組子や竹網み細工のデザインを採り入れ"X"の形となっており、カラーリングは日光東照宮の陽明門の柱にあしらわれている胡粉をイメージした色となっている。また前照灯はハイビーム時に東武鉄道の"T"の字型に光るようになっている。◎2023（令和5）年7月8日

1700系・1720系

日光線と国鉄日光線は長らく日光への旅客争奪戦を繰り返し、1956年には高性能車1700系を投入し東武が優勢となっていたが、1959年に国鉄日光線が電化され、最新鋭の157系が投入された。それに対抗すべく短期間で設計され1960年に登場したのが1720系「デラックスロマンスカー（DRC）」だ。
◎板荷〜下小代　1986（昭和61）年8月14日
撮影：諸河 久

1700系は1971〜1972年にかけて主要機器を流用し、車体を新造したDRC化改造が行われ6両編成2本へと改められた。これにより1972年から特急は全てDRCとなり1990年に100系「スペーシア」が登場するまで長らく東武を代表する特急として活躍した。
◎姫宮〜東武動物公園
1981（昭和56）年9月23日

1720系はボンネットスタイルの6両編成で、固定窓・冷房装置・リクライニングシート・仕切り扉が自動扉など当時の最先端をいく車両で、サロン室にはジュークボックス、編成2カ所にビュフェも設置されていた。車体色はロイヤルマルーンとロイヤルベージュのツートンで国鉄特急型とよく似た塗り分けとなっていた。
◎1985（昭和60）年1月12日　撮影：諸河 久

200型
250型

伊勢崎線の急行りょうもうの車両性能向上とアコモデーション改善のため、100系によって置き換えられた1700・1720系6両編成9本の台車や床下機器を流用して製造された200型は種車と同じ数の6両編成9本が登場した。シートピッチは1800系より広いものの、座席定員数は同じとしたため、中間の4号車には乗降ドアが全くない珍しい車両となった。
◎2021（令和3）年5月3日

新製された車体はスピード感あふれるシャープな流線型で、カラーリングはこれまでの1800系と逆となり、ジャスミンホワイト地にローズレッドのラインを入れたものとなっている。また当初、パンタグラフは下枠交差式で落成したが、207〜209編成ではシングルアームパンタグラフとなった。
◎多々良〜県
2018（平成30）年5月20日

2015年に東武鉄道と台湾鉄路管理局が友好鉄道協定を締結した。これを記念して200型208編成に台湾自強号「普悠瑪」のカラーリングにして運転された。東武鉄道としては海外鉄道事業者のカラーリングに変更するのは初の試みで、2016年6月より2018年11月まで期間限定で運転された。
◎羽生〜南羽生
2017（平成29）年1月1日
撮影：近藤倫史

2021年に100系、200型デビュー30周年を記念したリバイバルカラーが登場した。200型では205・209編成を1800系のカラーリングだったローズレッド地にジャスミンホワイトの帯を配したものに塗り替えられ運転されている。また車内のシートモケットも1800系に近いものへ生地が交換された。
◎堀切～鐘ヶ淵
2022（令和4）年12月24日

急行から特急に格上げされた「りょうもう」の増発用として1998年に登場した250型。しかしこれまでの種車であった1700・1720系は既に全車両が200型へ改造されたため、台車や床下機器まで全てが新造された250型を6両編成1本製造した。
◎西新井～竹ノ塚
2017（平成29）年11月28日

250型の台車や制御機器などは1996年に当時した30000系と同一のものが採用され、200系列唯一のVVVFインバータ制御車。そのためオールM車であった200型に対して、250型では3M3Tとなった。車体や床下回りも含めて200系で一番新しい車両であったが、2022年に廃車となっている。
◎多々良～県
2018（平成30）年5月20日

1800系

日光線から伊勢崎線急行「りょうもう」等に転用された元日光線特急・急行用の旧型車を置き換えるため1969年に登場した1800系。日光線と異なり伊勢崎線はビジネスユースのため、車内は豪華仕様ではなかったが日本で初めて車内に飲み物の自動販売機が設置された。◎花崎〜鷲宮　1990（平成2）年12月5日　撮影：諸河 久

1800系の車体色はローズレッドを基調とし、腰部には白帯（当初はオパールホワイト、後にジャスミンホワイト）が巻かれ、前面窓は2枚のパノラミックウインドウ。足回りは同時期に製造された8000系とほぼ同じであった。登場時は4両編成であったが、利用客増加により1979年には6両編成化されている。◎鷲宮〜花崎　1981（昭和56）年8月14日

1987年に増発のため14年ぶりに１本新造された1800系であったが、直後の1990年から200型が製造されたことにより急行「りょうもう」運用から徐々に退き、1998年３月31日をもって引退。最後まで残った1819編成は300型などに改造されずそのまま多客輸送用として2018年まで運転され引退した。この1819編成は他の1800系と異なり、前面窓やライトケース、クーラー形状などに違いがあった。◎県〜多々良　2010（平成22）年９月25日　撮影：近藤倫史

急行「りょうもう」運用引退後、300型や350型に改造されなかった1800系1811、1812、1815編成は2001年に４両編成へ短縮の上、座席の固定、便所や仕切扉の撤去などの改造を施され一般車として佐野線や小泉線といったローカル運用に就いた。しかしワンマン化により2007年までに引退したため活躍期間は短かった。
◎西小泉　2001（平成13）年４月23日　撮影：諸河 久

300型・350型

200型の登場により1990年より置き換えられた1800系の一部を改造し1991年に6両編成2本が登場した300型。301編成が1818編成、302編成が1817編成を種車としている。日光線に対応するため発電・抑速ブレーキの増設や前照灯・後部標識灯などの角形化、愛称表示器の電動幕化などの改造が行われた。
◎幸手～杉戸高野台　2016（平成28）年1月2日　撮影：近藤倫史

350型は3編成が改造され、351編成と353編成が1800系の1816編成と1813編成から中間車2両を抜いたもの、352編成はその抜かれた中間車を連結し先頭車化改造をおこなったもので、クーラーの間隔や台車などが他の2編成と異なっている。300型は2017年に350型は2022年に引退した。
◎新古河～栗橋
2020（令和2）年4月4日

　6両編成のまま1800系から改造された300型に対して、4両編成に短縮して改造された350型。違いは編成両数で、宇都宮線や野岩・会津鉄道乗り入れ用として活躍した。車体色はこれまでのローズレッドから100系や6050型の配色に近いジャスミンホワイト地にパープルルビーレッドとサニーコーラルオレンジの帯が巻かれている。
◎新古河〜栗橋　1991（平成3）年8月9日　撮影：諸河 久

500系

27年ぶりの完全新製の特急車として2017年に登場した500系は３両編成。これを２本併結して６両編成での運行や途中駅で分割併合など、様々な運行形態で運用できるように開発された。野岩鉄道、会津鉄道へ直通可能な特急車で、伊勢崎線や日光線、野田線で幅広く運転されている。
◎北越谷～新越谷
2017（平成29）年12月26日

車両デザインは奥山清行氏で、貫通型であるが独特のスラント状となった前頭部形状となった。また前面貫通扉はプラグドアで、扉の開閉やホロの展開、収納などをスイッチ操作だけで自動的に行うことができる。また車両愛称名は「Liberty」と「Variety」を掛け合わせた造語「Revaty（リバティ）」と名付けられ、この500系を使用する列車では「スカイツリーライナー」を除き列車愛称名の前に「リバティ」がつく。
◎板荷～下小代
2017（平成29）年５月４日

車体色はおおらかで豊かな時の流れを表現した「シャンパンベージュ」をベースとして、側面窓回りは「ブラック」と沿線の豊かな自然を表現した「フォレストグリーン」、東武鉄道のコーポレートカラーである「フューチャーブルー」を配置している。この500系の登場で300・350型を置き換え、6050型で浅草から野岩鉄道・会津鉄道に直通していた快速・区間快速を特急へと格上げした。◎会津田島〜中荒井　2017（平成29）年５月２日

2000系

営団地下鉄日比谷線直通用車として1961年から製造された2000系は、東武初の両開き扉で、全車電動車の18ｍ３扉で当初は４両編成で登場した。日比谷線全通や輸送力増強で徐々に編成が延びていき、1971年には８両編成となった。20000系に置き換えられ、1993年までに引退した。◎姫宮～東武動物公園　1986（昭和61）年８月11日　撮影：諸河 久

写真は1974年から塗り替えが始まったセイジクリームであるが、登場時はロイヤルベージュ地にインターナショナルオレンジのツートンカラーで、当時は2000系だけの特別色として塗られていたが、後に8000系にも採用され東武通勤型標準色となった。また内装色なども当形式から標準化されたものも多い。
◎越谷～北越谷　1985（昭和60）年４月14日　撮影：諸河 久

2000系のうち車齢が若い増結中間車を活用し、1988年に6両編成2本が登場した2080型。吊り掛け駆動の3000系を置き換えるべく野田線に投入された。廃車となる複数編成から寄せ集め、先頭車改造などを施した。しかし非冷房車のままで、高速運転にも向いてないため故障が頻発し、置き換え予定だった3000系や種車の2000系がまだ現役の1992年に廃車となった。◎岩槻〜七里　1990（平成2）年12月4日　撮影：諸河 久

3000系

3000系には3000型、3050型、3070型の3形式がある。そのうち3000型は1964年から1971年にかけて戦前に製造された旧32系列の台車や主制御装置といった主要機器を流用し、新たに18m車体を新造して製造された車両。当初は様々な路線で運転されたが、1972年以降は専ら野田線で運用された。
◎南桜井〜川間　1986（昭和61）年8月11日　撮影：諸河 久

1971年から1973年にかけて旧54系列の機器を流用して製造された3050型。3000型と同じ3000系列ではあるが、床下機器の種車が異なるため別形式となった。2両と4両編成が登場し、野田線や館林を中心にローカル運用に入っていた。また3000系ではこの他に、旧53系列の機器を流用した3070型が1974年から1975年に製造されている。
◎三枚橋〜太田　1990（平成2）年11月12日　撮影：諸河 久

7800系

戦後、国鉄から大量に譲り受けた63形をベースに改良した7800系は1953年から1961年にかけて164両製造された。本線系統や東上線系統で運用され、晩年はセイジクリーム1色に塗られ、首都圏大手私鉄では珍しくなった板張りの車内で1985年まで活躍した。この7800系のうち7860形のグループに後に8000系ワンマン車で塗り替えられた4種類の試験塗装が実施された。◎竹ノ塚〜西新井　1980（昭和55）年9月12日　撮影：諸河 久

5000系

大量に製造された7800系の車体更新車として登場した5000系。1975年から1986年にかけて事故廃車になった２両を除く162両全車に対して台車や主要機器などの床下機器を流用して、8000系そっくりの車体を載せた。最初に登場した12両は5000型とされ、非冷房で登場したが後に冷房化改造された。またこれまで同様の車体更新工事では18ｍ車であったが、この5000系からは20ｍ車となっている。◎川角～西大家　1986（昭和61）年10月９日　撮影：諸河 久

5000型は非冷房車で落成したが、次に改造されたグループからは更新工事の際に冷房化されるようになり、5050型となった。この冷房装置や車体の仕様も同時期に増備された8000系に準じている。5000型と同様に２両編成と４両編成が登場。この後、登場した６両固定編成は5070型とされた。また5050型は5000系で最後まで残った形式で、首都圏大手私鉄最後の釣り掛け駆動車として2006年末まで活躍した。
◎小川町～東武竹沢　1986（昭和61）年10月９日　撮影：諸河 久

5700系

1951年に日光線の特急用として登場した5700系。非貫通流線型と貫通の半流線型先頭車があったが、1700系登場後は急行運用へ入るようになり、流線型先頭車は半流線型に改造された。1991年に300・350型へ置き換えられ引退した。現在は東武博物館に両方形態の先頭車が復元・保存されている。
◎東武動物公園～姫宮　1986（昭和61）年 8 月11日　撮影：諸河 久

6000系

1959年に電化された国鉄日光線に対抗し、旧型車の置き換え用として1964年に登場した6000型。車内は国鉄急行型のようなトイレ付のクロスシート片開き 2 扉の 2 両編成で、前面は同時期に設計された8000系とよく似たデザインとなっていた。◎東武動物公園～幸手　1980（昭和55）年 9 月15日　撮影：諸河 久

1966年までに２両編成22本が製造され、浅草～東武日光・鬼怒川公園などの快速や旧交、快速急行などで活躍した。1985年からは6050型への車体更新工事が行われ、1986年９月21日に東武日光～新栃木でさよなら運転が行われ、翌月に全車の改造が終わった。6000型としては20年ほどの活躍であった。◎栗橋～幸手　1980（昭和55）年７月　撮影：諸河 久

6050型

1986年に開業した野岩鉄道および1990年の会津鉄道会津田島乗り入れ用として登場した6050型。非冷房車であった6000型の車体更新車。6000型と同じく２両編成トイレ付のセミクロスシート両開き２扉車だが、冷房付きとなった。当初は更新車22本だけであったが、後に新造車も登場し２両編成33本体制となった。
◎新栃木検修区　1986（昭和61）年６月15日　撮影：諸河 久

路線の半分以上がトンネルの野岩鉄道には6000型のような非冷房車での運用は厳しく、これを改善する形で6050型は登場した。台車を含めた床下機器などの主要機器を6000型から流用し、車体を新製した車体更新工事であった。前面デザインはその後、8000系更新車や10030型などでも採り入れられている。
◎中三依～湯西川温泉　1986（昭和61）年10月26日　撮影：諸河 久

6000型から6050型への更新改造は1985年10月から開始され、約1年で全22編成の工事を終えた。この過渡期には走行性能が同じ6000型と6050型が共通で運用され、写真のように混結で運用される事も多く、これは6000型最後の1編成がさよなら運転を行った1986年9月まで行われた。◎東武動物公園～姫宮　1986（昭和61）年8月10日　撮影：諸河 久

車体色はジャスミンホワイト地にパープルルビーレッドとサニーコーラルオレンジの帯を巻いている。この配色はその後、100系スペーシアや300型、350型にも採用されている。また6000型が入っていた運用をほぼそのまま受け継ぎ、夜行列車の運用にも入った「日光夜行」をはじめ、野岩鉄道開業後は「スノーパル」「尾瀬夜行」といった列車も増えた。
◎鐘ヶ淵〜東向島　2015（平成27）年4月29日

6000型の床下機器類を流用していた6050型であったが、輸送力増強を目的に野岩鉄道車に引き続き1988年の6173編成以降の東武所有の車両も完全新造車で製造された。これまでの改造車との大きな違いは台車で、9000型や10000型と同型のものに変更されている。◎幸手〜杉戸高野台　2016（平成28）年1月2日　撮影：近藤倫史

２両編成を３本繋いでそれぞれ行き先の異なる６両編成で運用するなど頻繁に増解結を行う6050型は1996年頃に作業簡略化のために密着自動連結器から電気連結器付きの密着連結器に交換されている。また一部編成では霜取り用のパンタグラフが１基増設され、ダブルパンタとなった。
◎2022（令和４）年３月１日

日光線全線開通90周年を記念して6162編成に6000型時代に塗られていたツートンカラーへ塗り直したリバイバル編成が登場した。2020年にはもう１本登場したが、こちらは完全新造車であった。これに前後して6050型は2017年以降徐々に本数を減らし、東武鉄道と会津鉄道の6050型は2022年３月をもって引退した。
◎大桑～大谷向
2020（令和２）年12月６日

1985年に改造工事によって車両が不足することから完全新造車が製造され、この車両は野岩鉄道に譲渡する前提であったため100番代車とされた。開業時までに２本が譲渡され、1988年にさらに１本製造され３本体制となった。東武・会津車と共通運用で運転された。現在はこのうち61102編成と61103編成の２本が現役最後の6050型として野岩鉄道を中心に運転されている。
◎鬼怒川温泉
2017（平成29）年８月26日

1990年に会津鉄道会津田島～会津高原電化用として製造された6050型の最終編成。200番代車として製造され、電化直前に会津鉄道へ譲渡された会津鉄道が保有した唯一の電車。また6050型はこのように3社が保有し、その区別のため1988年から側面の車番横に東武鉄道、会津鉄道や野岩鉄道の社紋が貼り付けられた。
◎栗橋～新古河
2009（平成21）年4月18日
近藤倫史

634型

2012年に6050型の完全新造車2本を観光特急「スカイツリートレイン」用として改造して登場した634型。形式は東京スカイツリーの高さに因む。「スカイツリートレイン」運行終了後は団体や臨時列車をメインに運転され、野岩鉄道で普通列車として運転された事もある。
◎南栗橋車両管区
2022（令和4）年
12月4日

主に車体のみ改造が行われ、車体側面窓は屋根まで延びる大きなものとなった。またドアは片方が埋められ、1扉車となっている。また車体色は白をベースとし、634-10編成は青空をイメージした青基調の水玉が、634-20編成には日光・鬼怒川の朝焼けをイメージしたピンク基調の水玉があしらわれており、両編成とも窓のない箇所にスカイツリーのイラストが入っている。
◎静和～藤岡
2012年11月24日
撮影：諸河 久

8000系

7800系製造終了後の1963年から1983年までに712両製造された8000系は、私鉄最多両数を誇る形式で両数の多さや長期に渡る製造期間などからほぼ同製造時期に製造された国鉄103系から「私鉄の103系」とも呼ばれている。2・4・6・8両編成が製造され、これを組み合わせ2～10両編成で熊谷線や貨物線用線などを除く東武全線で活躍し、現在も支線区や野田線を中心に運転されている。
◎森林公園検修区
2004（平成16）年12月25日

当初は非冷房車で登場し、2000系と同じくロイヤルベージュとインターナショナルオレンジのツートンであった。1972年から冷房付きで、1974年新造からセイジクリーム1色で新製されるようになっている。1977年からは東上線の輸送力増強のため8両固定編成が投入されている。また1988年頃までは前面上部に2灯の上部灯が設置され、通過表示や大山対策の識別を行っていた他、東上線では前面扉に種別板を差していた。
◎坂戸～北坂戸
1986（昭和61）年9月11日
撮影：諸河 久

最後の車両が製造されてから数年しか経っていない1986年から修繕工事が行われた。最初の年に施行された編成の外観変化は軽微なものであったが、翌年以降の施工車はイメージアップのために前面形状が6050型によく似たデザインに変更され、スカートも取り付けられた。また修繕には関係なく1985年から現在のジャスミンホワイト地にロイヤルブルーとリフレッシュブルーの帯へと塗り替えがはじまった。
◎嵐山信号場～小川町
2012（平成24）年11月15日

車体修繕工事は2007年まで施行され、1997年以降は前照灯のHID化や正面や側面の方向幕等がLED化されるなど途中で細かな変更が行われた。また大量に製造されたため一部車両では車番が足りなくなり、車番が5桁となったが、国鉄形のように頭に数字を増やすのではなく、下2桁の車号表記が3桁とする形であった。2014年4月以降、野田線では「東武アーバンパークライン」のロゴが貼り付けられている。

1986年の修繕施工車で8000系登場時の面影を残す8111編成。現在は東武博物館所有で動態保存されており、本線系統を中心に時折姿を見せる。2012年の検査時に再度、修繕工事が行われ、その際に登場時のロイヤルベージュ地にインターナショナルオレンジのツートンカラーに塗り直された。その後、2016年にはセイジクリームの復刻塗色に塗り直されている。
◎北大宮～大宮公園
2012（平成24）年8月29日
撮影：近藤倫史

東上線開業100周年を記念して2014年3月から小川町以北や越生線で運転されている4両編成のワンマン車の81111編成をセイジクリームに塗り替えた。また車内モケットも当時のオレンジ色も物に交換された他、前面貫通扉には種別板を差す表示板受けが取り付けられている。
◎川角
2014（平成26）年7月8日

2014年10月からは4両編成ワンマン車の81107編成がロイヤルベージュとインターナショナルオレンジのツートンカラーに塗られた。これにより8000系が歴代纏った3つの塗色が揃い、2015年1月には池袋〜森林公園で3色を連結した10両編成で特別列車が運転された。
◎2019（令和元）年6月1日

2015年の東上線全通90周年を記念して50090型と8000系に1967年まで運転されていた行楽列車「フライング東上号」で一時期塗られていた濃い青色に黄色帯のカラーリングが塗られ、2019年7月まで運転された。前面には当時のヘッドマークを模した東上線全通90周年ヘッドマークが取り付けられた。
◎杉戸高野台〜東武動物公園
2015（平成27）年12月8日
撮影：近藤倫史

2017年7月には亀戸線・大師線のワンマン車の8575編成にライトベージュ地にオレンジ帯を纏った試験塗色に塗り替えられた。この塗色は当時新造の真っ最中であった7800系7860型で行われた試験塗装の一つで、1958年10月に業平橋駅構内で現車を展示して用いた投票が行われたそうだ。
◎大師前〜西新井
2017（平成29）年7月15日

2016年3月より昭和30年代に一時期塗られていた元標準色のインターナショナルオレンジ地にミディアムイエロー帯の入った塗色に亀戸線や大師線で使用されている2両編成ワンマン車の8577編成に塗られた。また2017年2月には8568編成が標準色を決める際の塗られた緑ベースの試験塗装に塗り替えられた。
◎曳舟〜小村井
2017（平成29）年2月25日

800型
850型

2006年3月から実施された佐野線、伊勢崎線太田〜伊勢崎のワンマン化に伴い、東上線で運転されていた8両固定編成の8000系を分割し短編成化し2005年に登場した800型と850型。8両編成からサハ車を抜き取り、残りを半々にしたため中間電動車の先頭車化改造が行われ、3両編成がそれぞれ5本の合計10本が改造された。車番が特急車のようにハイフン入りなのが特徴的。写真は800型。
◎2022（令和2）年12月25日

両形式の違いはパンタグラフ搭載車の連結位置で、これは種車の8000系のうち池袋方を800型に、寄居方を850型に改造したため。800型は中間車に、850型は浅草方先頭車に設置されている。またこの工事の際に野田線で運用されていた一部編成では中間に入った使用しない運転台の撤去などが行われ、先頭車改造したモハ800形やモハ850形に移植された。こちらの写真は850型。
◎多々良〜県
2018（平成30）年5月20日

9000系

営団地下鉄有楽町線と東上線の相互直通運転用として1981年に試作車が登場した9000系。18年ぶりの通勤形の新形式でオールステンレス車体、10両固定編成、チョッパ制御、電気指令ブレーキ、編成両端の密着連結器などといった東武初採用技術のオンパレードであった。また9000型では車体帯をロイヤルマルーンとし、以降に製造されたステンレス車にも引き継がれている。後に登場する9000型量産車と9050型合わせて10両編成10本100両が製造された。
◎朝霞台〜朝霞
1981（昭和56）年12月29日
撮影：諸河 久

量産車登場時に試作車9101編成には量産車化改造が行われ、有楽町線乗り入れ改造がなされた。改造後は量産車と共に有楽町線直通運用を中心に入っていた9101編成であったが、副都心線対応改造やリニューアル工事は施されず有楽町線にしか入れない「Y」マークが前面に掲出された。しかしその後、有楽町線ホームドア設置に際して量産車とドア位置が異なるため地上専用車となった。
◎上板橋〜東武練馬
2008（平成20）年9月23日

相互直通運転開始からしばらく経った1991年に輸送力増強のため9000型は9108編成1本を増備した。他の量産車から少し経っていることから当時製造されていた10030型のようなビートプレス車体となり、ステンレス時も梨地に変更。また車体幅も11mm拡がるなど変化があった。
◎東松山〜高坂
2014（平成26）年5月17日

長らく試作車のみであった90
00系だが、有楽町線地下鉄成
増〜和光市開業時にようやく
始まる相互直通運転に向けて
1987年に量産車が製造された。
試作車との違いは座席幅が広
くなったことによる乗降ドア
間寸法の変更、冷房装置と通
風器を一体型のカバー化、側
面行先表示器の位置変更、制
御装置の素子変更などだ。
◎森林公園検修区
2006（平成18）年12月23日
撮影：近藤倫史

2006年から2008年にかけて
ATO対応化などの副都心線直
通対応改造が行われ、それと
同時にリニューアル工事が実
施された。アコモデーション
が50000系とほぼ同仕様にな
った他、先頭車にスカートが
設置や前照灯のHID化、行先
表示器のフルカラーLED化、
シングルアームパンタ化など
の外見の変化があった。現在
も有楽町線・副都心線・東急
東横線に直通する唯一のチョ
ッパ車として活躍中だ。
◎和光市〜朝霞台
2016（平成28）年8月29日

有楽町新線開業による運用増
に対応するため1994年に登場
した9050型。1991年に増備さ
れた9108編成と同様の車体
に、制御装置を20050型と同じ
VVVFインバータ制御として
10両編成2本が製造された。
登場時より行先表示器はLED
化されている。9000型同様に
2007年と2008年に副都心線直
通対応工事・リニューアル工
事を受けた。
◎和光市〜営団成増
1999（平成11）年12月3日
撮影：諸河 久

10000系

20年近くに渡り製造された8000系の後継車両として、地下鉄直通用の9000系をベースとして1983年に登場した10000系は地上車としては初めてのオールステンレス車となった。最初に登場した10000型、マイナーチェンジ車の10030型やVVVFインバータ制御車の10080型など486両が1996年まで製造された。
◎竹ノ塚～西新井

9000系をベースとしたコルゲート車で、9000系より丸み帯びた前面形状が特徴的な10000型は、回生ブレーキ付きGTOサイリスタ界磁チョッパ制御で、抑速ブレーキを装備して日光線にも対応している。2・6・8両編成118両が製造され、1989年には東上線の一部8両編成に中間車2両を増結し、10両固定編成化した編成もある。
◎高坂～北坂戸
1986(昭和61)年9月11日
撮影：諸河 久

2007年よりリニューアル工事が実施され、2010年までに10000型の6両編成全車で施行され、内装が50000系とほぼ同仕様となった。また一部パンタグラフの撤去や行先表示器などのフルカラーLED化、前照灯のHID化、スカートの設置、シングルアームパンタグラフへの変更といった外見の変化もある。
◎東武動物公園　2012（平成24）年1月2日　撮影：近藤倫史

2014年からは東上線に配置されていた2両編成を本線系統に転属の上、リニューアル工事が実施され、こちらでは前照灯のLED化が行われた。また現在ではワンマン化改造がなされ、8000系の代わり佐野線や小泉線などを中心に運転されている。◎鐘ヶ淵〜堀切 2017（平成29）年5月6日

10000型に引き続き、10030型でも2011年よりリニューアル工事が実施され、改造内容は基本的に10000型とほぼ同じようなメニューとなったが、東上線所属車ではVVVFインバータ制御に変更されたり、6＋4両の中間に入った運転台を撤去・改番をして10両固定編成化を行った編成もある。
◎鷲宮〜花崎
2012（平成24）年12月14日
撮影：近藤倫史

10000型をマイナーチェンジする形で1988年に登場した10030型は、前面形状が6050型や8000系修繕車と似たようなFRP製の3面折妻形状となった。また車体はこれまでコルゲート車体であったが、ビートプレス車体へと変更され、台車はボルスタレスとなった。4・6・10両編成34本176両が製造されている。
◎柳生〜新古河　2012（平成24）年12月14日　撮影：近藤倫史

1988年に10030型とほぼ同時に登場した東武初のVVVFインバータ制御車で、試作的な意味合いもあり、4両編成1本だけが製造され、伊勢崎線・日光線で運転された。
◎多々良～県
2010(平成22)年9月25日
撮影：近藤倫史

1992年度の増備車から車椅子スペースの設置や冷房装置のカバーが連続式になるなどの変更点があり、区別するために50番代車となった。2・4・6両編成の47本188両が製造された。
◎川越～新河岸　2013(平成25)年12月5日　撮影：近藤倫史

老朽化した8000系を置き換えるため野田線に転属となった10030型や10030型50番代には「東武アーバンパークライン」
のテーマカラーとなった「フューチャーブルー」と「ブライトグリーン」の帯が巻かれた。また2014年からは車体の
正面や側面に路線のログマークが貼り付けられている。◎春日部　2017（平成29）年３月11日

20000系

駅冷房やトンネル冷房に拘っていた営団地下鉄でも車両冷房化が進められはじめ、直通運転を行う日比谷線でも営団3000系の03系での置き換えのタイミングで、東武も非冷房車である2000系を置き換えるべく登場したのが20000系だ。8両固定編成で登場し、ドア数や制御方式の違いで20000型、20050型、20070型の3形式が製造され、バリエーションが営団03系とよく似ている。◎中目黒　2016（平成28）年7月8日

20000型はこれまでの日比谷線直通車2000系と同じく18m3扉車として1988年に登場。同じく地下鉄直通車である9000系と同じくロイヤルマルーン帯を巻いたステンレス車体の冷房車であるが、前面デザインは大きく変わり非常扉を端に寄せて運転台窓を大型化している。1992年までにチョッパ制御車13本が製造された。
◎竹ノ塚～西新井　2017（平成29）年1月3日

日比谷線混雑緩和のため、同時期に製造された営団03系と同じくラッシュ時間帯の乗降時間短縮のため編成両端のそれぞれ2両を5扉とした車両が登場した。これが20050型で、編成の正面には「5 DOORS」のステッカーが掲示された。VVVFインバータ制御車で、1992年から8本が製造された。
◎幸手～杉戸高野台　2016（平成28）年1月2日　撮影：近藤倫史

草加～越谷複々線化完成の増発用として再び全車3扉車として製造されたが、VVVFインバータ制御車として登場したため20000型とはならず20070型となった。パンタグラフがシングルアームになるなど改善点が多くあるが機器類はほぼ20050型と同じとなっており1996年から3本が製造された。◎東武動物公園　2009（平成21）年6月14日　撮影：近藤倫史

改造の際に、前照灯はLED、パンタグラフのシングルアーム化、東武初の客用扉横への半自動ドアスイッチの設置などが行われ、内装は70000系に準じたものとなった。また車体の帯はSL大樹をイメージした濃紺色帯びを主に視認性向上のため黄色帯が前面や側面ドア横に入っている。◎下今市～明神　2022（令和4）年12月30日

2017年の70000系登場により、日比谷線直通運転から追われた20000系は、宇都宮線の8000系、南栗橋以北の日光線10000系や6050型の置き換え用として2018年から4両編成への短縮やワンマン化などの各種改造が施され20400型として22本が改造され再登場した。
◎上今市〜東武日光
2023（令和5）年5月30日

20070型から中間車4両を抜き取り元1・6・7・8号車へと組み替えて改造した10番代。20400型では最も特徴がない車両。20070型全車が改造され、3編成運用されている。◎大谷向　2021（令和3）年10月1日

10番代の改造で余剰となった20070型の元2・3号車だった中間電動車と20000型の先頭車を組み合わせて改造された20番代。3編成が運用され、この10番代と20番代が3扉で整ったシンプルなスタイルとなっている。
◎新大平下〜栃木

20050型から中間車4両を抜き取って元1・6・5・8号車の順に組み直して改造された30番代。中間車は3扉車を残したが、先頭車は5扉車のため2扉を埋めて3扉化する改造が行われた。8編成を改造し運用されている。
◎新大平下〜静和
2022(令和4)年4月22日

30番代改造で余剰となった20050型の元2・3号車だった中間電動車と20000型の先頭車を組み合わせて改造された40番代。20050型は編成の両端2両が5扉車で、余剰となった中間電動車のうち5扉車の元2号車にSIVが搭載されていたため、1両だけ3扉化改造が施されているのが特徴。30番代と同じく8編成が改造され、22本いる20400型では5扉車の3扉化改造車が入った編成が大部分を占めている。◎新古河〜栗橋　2022（令和4）年6月26日

30000系

地下鉄半蔵門線への直通運転を見越して1996年に登場した30000系は、10両固定編成ではなく6両と4両の分割編成で2003年までにそれぞれ15本が製造され、特に長らく東武の車両を製造してきた富士重工とアルナ工機では最後の新造車となった。また「ロイヤルマルーン」帯を巻いた最後の新形式でもある。
◎つくし野〜すずかけ台　2015（平成27）年11月28日

車体は9000系から続く軽量ステンレス製で「ロイヤルマルーン」の帯を巻いており、走行機器類は250型とほぼ同じとなっている。また半蔵門線に直通するため運転台は東武初のワンハンドルマスコンとなり、HID式の前照灯も初めて採用された。◎竹ノ塚〜西新井　2012（平成24）年7月10日

半蔵門線直通後は東急田園都市線中央林間まで乗り入れ、東武の車両として初めて神奈川県内まで営業運転した形式であったが、伊勢崎線では便利であった6両、4両の分割編成が仇となり、直後の2005年に登場した10両固定編成の50050型により2編成を除き地下鉄運用から追われ、残りの2編成も2021年までに撤退した。
◎つくし野〜すずかけ台
2016（平成28）年9月10日

50050型に地下鉄直通運用の主力の座を追われた30000系は再び直通開始前のように4両や6両、10000系列と併結して6両や8両編成などで伊勢崎線（浅草〜太田）、日光線（新栃木以南）で区間急行、区間準急、普通などで運用された。
◎東武動物公園
2009（平成21）年6月4日
撮影：近藤倫史

浅草口で運用されていた30000系であったが、2011年には浅草口10000系列統一と8000系が残っていた東上線地上車の置き換えのため中間に入った先頭車の運転機器やスカート、ライト類を撤去し転落防止幌を設置した中間車化を行い10両固定編成にした上で東上線への転属が順次行われた。2021年9月までに15編成150両全車が東上線に転属し、東上線地上運用の主力形式となった。
◎川越市〜霞ヶ関
2015（平成27）年1月13日
撮影：近藤倫史

50000系

これまで東武の車両を主に製造してきたアルナ工機や富士重工が鉄道車両から撤退したため、50000系列からは日立製作所のA-trainシリーズが導入された。東武通勤車両初のアルミ車体で、このアルミダブルスキン鋼体は以降に製造された通勤型でも引き続き採用されている。
◎幸手〜南栗橋
2023（令和5）年5月3日

当初は東上線に導入され、後に本線系統半蔵門線直通用の50050型、有楽町線・副都心線直通用の50070型、TJライナー用の50090型とバリエーションが増えたが、いずれも10両固定編成であった。本線系統、東上線系統でその輸送力を生かし主力車両として活躍している。◎川越〜新河岸　2019（平成31）年2月2日

2004年に登場し、2005年3月から東上線で運転が開始された50000型は50000系で最初に登場した車両。最初に作られた51001編成は非貫通型先頭車で、前面下部と側面ドア横にシャイニーオレンジが入ったスタイルで登場。運転台は全室構造で東上線初のワンハンドルマスコン車となった。◎中板橋～大山　2020（令和2）年3月7日

2005年に登場した50000型2次車は地下鉄副都心線直通運転も意識して、前面に非常用の貫通扉が設置され他、ライトの位置などが変更された。50000型は1次車も含めて10両編成9本が製造され、51003編成からはほぼ同時期に製造された50050型と同じ車体幅となった。そのため2019年からは最後まで半蔵門線直通運用で残った30000系置き換えのため2編成が本線系統に転属している。◎東松山～高坂　2014（平成26）年5月17日

半蔵門線直通用の30000系が10両固定編成ではなく、分割編成のため混雑時に中間の運転台がデッドスペースとなるため急遽直通用の10両固定編成車として2005年に登場した50050型。車体は非常時前面貫通構造で、地下鉄11号線規格に合わせて車体幅が2770mmに狭められた。2009年までに18編成が製造されている。
◎つくし野～すずかけ台　2013（平成25）年11月5日　撮影：近藤倫史

春日部が舞台とされるアニメ「クレヨンしんちゃん」25周年を記念して2016年11月〜2017年8月まで50050型5本に「しんちゃん」をはじめとする「かすかべ防衛隊」のキャラクター5人をそれぞれ掲げ、キャラクター毎にベースカラーも異なっており、5色5編成の全面ラッピング車両が運転された。
◎東武動物公園〜姫宮　2017（平成29）年2月17日　撮影：小川幸太

地下鉄有楽町線・副都心線直通用として2007年に登場した50070型。既に登場していた50050型をベースに設計されたが、行先表示器がフルカラーLEDに変更となりホームドアの関係で車体長が130mm長いなど細かいところが異なる。2012年までに7本製造された。◎東松山〜高坂　2014（平成26）年11月22日

2008年から運転が開始された東上線の有料座席指定列車「TJライナー」用として登場した50090型。車内はクロスシートとロングシートを転換できるマルチシートを関東で初めて装備した。車体にはこれまでの前面や側面のシャイニーオレンジ以外に「TJライナー」の速達性をイメージしたロイヤルブルーⅡの細帯が全面に巻かれ、側面には「TOJO LINE」の文字が入る。2010年までに6本が製造され、普通からTJライナーまで幅広く活躍している。
◎ふじみ野
2015（平成27）年1月15日

2019年3月から川越特急の運転が開始されるのに先立って2月から50090型に画家の古家野 雄紀氏による川越をテーマとした日本画を車体に全面ラッピングした「池袋・川越アートトレイン」が運転された。10両編成1両1両で絵柄が異なり、両先頭車の前面に描かれた絵柄も異なっていた。2022年9月頃まで運転された。
◎下板橋〜北池袋　2019（平成31）年4月14日

2015年の東上線全通90周年を記念して50090型51092編成とと8000系8198編成に1967年まで運転されていた行楽列車「フライング東上号」で使用した53系に一時期塗られていたカラーリングをラッピングで再現し、2015年11月から2019年2月まで運転された。◎上板橋～ときわ台　2019（平成31）年2月7日

60000系

2014年4月に野田線は「東武アーバンパークライン」の路線愛称が導入された。この際に野田線で運転される全形式、全編成の両先頭車となる1・6号車の前面と側面に路線のロゴマークが貼り付けられた。これにより60000系は登場から僅か1年で外観に変化が生じた。
◎大和田～大宮公園
2020(令和2)年4月6日
撮影：近藤倫史

車体は50000系をベースとしつつ前面を傾斜させスピード感のあるスタイルに変更し、前照灯や後部標識灯などは丸み帯びたデザインとなり柔らかい印象となった。また前面や車体幕板部の帯には東武グループカラーである「フューチャーブルー」、ドア付近には野田線の自然をイメージした「ブライトグリーン」が縦状に配されている。
◎大宮公園～大和田
2013(平成25)年5月1日
撮影：近藤倫史

東武鉄道として野田線に投入される新車としては70年ぶり、かつ初の野田線専用車両である60000系。2013年に登場し、同年6月15日より運転が開始された。「人と環境にやさしい車両」をコンセプトとし、2015年までに6両編成18本が製造され、野田線のイメージアップに大きく貢献した。
◎大和田〜大宮公園　2013（平成25）年7月18日　撮影：近藤倫史

70000系

外観で東京地下鉄13000系と大きく
異なるのは主に前面形状と車体色。
前面形状はスピード感のある「く」
の字となり、ライト周りも前照灯と
後部標識灯の位置が13000系とは逆
になっている。また車体帯や前面
色は「イノベーションレッド」と「ピ
ュアブラック」の２色となり、これ
は20000系のマルーンを２色の原色
に分けたものだ。
◎竹ノ塚〜西新井
2019（平成31）年２月24日

日比谷線と伊勢崎線を直通する有料座
席指定列車「THライナー」用として
2019〜2020年に登場した70090型は、
70000型をベースに車内がロングシート
とクロスシートとを転換できるマルチ
シート車として７両編成６本が登場し
た。前面や側面帯の「ピュアブラック」
が70000型より広く塗られ、側面帯も印
象が変わった。
◎幸手〜杉戸高野台
2020（令和２）年11月16日
撮影：近藤倫史

これまで18m8両編成で運転されていた東京地下鉄日比谷線の車両を20m7両編成へ変更することとなり2017年に登場した70000系。車両機器など車両のほとんどが東京地下鉄の13000系と同一の設計で、東武初の近畿車輌製の車両として2020年までに7両編成18本が製造され、20000系列を置き換えた。◎幸手〜杉戸高野台 2020（令和2）年10月25日

蒸気機関車

東武鉄道では開業時から1966年6月に完全に電気機関車に置き換えられるまでの67年間で85両の蒸気機関車が運行されていた。それから半世紀近く経った2017年から51年ぶりに蒸気機関車の運転が復活し、C11形207号機、325号機、123号機の3機を使用した大手私鉄唯一の復活蒸気として鬼怒川線を中心に運行されている。
◎下今市機関区　2023（令和5）年6月10日

1941年に製造され、北海道の日高本線を中心に活躍した207号機は廃車後、静内町で静態保存されのち2000年に復活。道内各地で運転されたが、紆余曲折があり2014年で北海道での運転は終了し、東武鉄道が借り受ける形で運転されることとなった。そのためこの1両だけが東武鉄道所有ではなく、JR北海道からの貸与となっている。前照灯を2灯に増設したカニ目が特徴的。◎鬼怒川温泉　2018（平成30）年10月14日

1946年に製造され東日本各地で運転後、1973年に廃車となった。その後、新潟県水原町で静態保存されていたが1998年に真岡鐵道で復活し、「SLもおか」や貸出によりJR東日本各地で運転された。しかし保有していた芳賀地区広域行政事務組合が公募で譲渡先を募集し、2020年に東武鉄道へ譲渡された。これにより2機体制となった。
◎大桑～大谷向
2022（令和4）年4月30日

1947年に江若鉄道の発注で製造された機関車で、後に雄別鉄道へ譲渡された。その後は道内で保存されていたが、2018年に東武鉄道へ譲渡され、大手私鉄として初めて蒸気機関車の動態復元を実施。また私鉄製造機関車唯一の動態保存車で、雄別鉄道時代はC11 1号機であったがC11形3機体制、さらに2020年に東武鉄道123周年であり、将来へ向かって更なる飛躍を車両番号で表現するため123号機へと復活時に改番された。
◎下今市～上今市
2022（令和4）年8月19日

ディーゼル
機関車

SL動態保存に向けて、2016年にJR東日本より譲渡されたDE10形1099号機。上り勾配での補機や客車の入換などを目的に導入されたが、現在は客車の入換・回送やSL不調時のDL大樹などの代走、「SL大樹ふたら」運行時、栗橋〜南栗橋の甲種輸送等で活躍しており、野岩鉄道・会津鉄道運転時には古巣のJR東日本管内に乗り入れることもある。
◎鬼怒川温泉
2017（平成29）年8月11日

C11形325号機導入に伴って2020年にJR東日本から譲渡されたDE10形1109号機は青森駅など北東北を中心に活躍した機関車。車体は譲渡の際にJR北海道で寝台特急「北斗星」や急行「はまなす」を牽引していたDD51形を模した青色地に金帯、流星のマークが入ったカラーリングに変更された。
◎2020（令和2）年12月12日

電気
機関車

1947年にED45形として登場した凸形電気機関車。2両が製造され、1955年に改番されED4020形となっている。主に貨物駅の入換作業などで使用され、1984年までに引退した。写真は業平橋駅のホッパ線だ。
◎業平橋
1981（昭和56）年9月9日

1957年に登場したED5010形は
当時まだまだ貨物輸送で活躍
していた蒸気機関車を置き換
えるべく、ED5000形をベース
として1962年までに東武の電
気機関車として最多の14両が
製造された。本線系統と東上
線の両方に配置され、1987年
まで活躍した。現在は坂戸機
関区に所属していたED5015が
東武博物館で保存されてい
る。
◎葛生
1981（昭和56）年 8 15日

1960年に登場したED5060形は
1966年 までに13両 が 製造 さ
れ、これにより最後まで残っ
ていた蒸気機関車を全て置き
換えた。主に本線系統で運用
され、ED5061 ～ ED5065の 5
両は後に重連総括運転ができ
るように改造されている。大
部分の機関車が1997年までに
引退し、残ったED5063は2003
年の貨物廃止まで活躍した。
◎野田市
1981（昭和56）年 7 月12日

新東京国際空港建設の資材と
なる砕石輸送のため、1970年
に新東京国際空港公団によっ
て 3 両製造されたED5080。
ED5060形とほぼ同一設計で、
当初から重連総括運転ができ
る点が異なる。佐野線での空
港建設物資輸送終了後は東武
鉄道に引き取られ、2003年の
貨物輸送終了まで運用された。
現在は 2 両が三岐鉄道に譲渡
され、現役で活躍している。
◎南羽生～加須
2003（平成15）年 8 月 2 日
撮影：諸河 久

客車

「SL大樹」用の客車としてJR四国とJR北海道から12系と14系客車の譲渡を受けた。当初は14系のみの3両編成で、それもスハフ14形、オハ14形、オハフ15形のそれぞれトップナンバーを含んだ4両を入れ替えながら運行された。また機関車は東武鉄道の所有であるが、客車は東武博物館が所有している。
◎下今市
2021（令和3）年10月10日

2019年と2020年には急行「はままます」で使用していたオハ14形505号車の「ドリームカー」、電源車のスハフ14形501号車なども運用に就き、2021年からは中間の2号車に12系改造の展望車オハテ12形も連結されるようになった。また現在は展望車を含む3両の客車が旧型客車風のぶどう色2号に塗り替えている。◎下今市　2021（令和3）年8月7日

気動車

東武鉄道の離小島となっていた熊谷線の動力近代化のため、蒸気機関車列車を置き換えるべく東武鉄道唯一の自社発注気動車として1954年に登場したキハ2000形。前面は当時流行りの湘南スタイルで3両が製造された。主に1〜2両編成で使われ1983年の路線廃止まで活躍した。◎妻沼　1983（昭和58）年5月

【解説者プロフィール】

山内ひろき（やまのうちひろき）

1990年（平成2年）東京都生まれ。近所に貨物駅などがあり鉄道に多く触れ合う環境で育ってしまい根っからの鉄道好きとなった。現在は会社員の傍ら、鉄道関係書籍などの原稿を執筆している。

【写真提供】

諸河久フォト・オフィス、近藤倫史、小川幸太、PIXTA

【参考文献】

鉄道ファン
鉄道ピクトリアル
東武鉄道百年史
キャンブックス東武電車

【報筆協力】

近藤倫史

東武鉄道
1980～2000年代の記録

発行日 ·················· 2023年9月8日　第1刷　※定価はカバーに表示してあります。

解説 ·················· 山内ひろき
発行人 ·················· 高山和彦
発行所 ·················· 株式会社フォト・パブリッシング
　　　　　　　　〒161-0032　東京都新宿区中落合2-12-26
　　　　　　　　TEL.03-6914-0121　FAX.03-5955-8101
発売元 ·················· 株式会社メディアパル（共同出版者・流通責任者）
　　　　　　　　〒162-8710　東京都新宿区東五軒町6-24
　　　　　　　　TEL.03-5261-1171　FAX.03-3235-4645
デザイン・DTP ········ 柏倉栄治
印刷所 ·················· 株式会社シナノパブリッシングプレス

ISBN978-4-8021-3414-9 C0026